基于 1+X 证书制度的教材开发研究

——书证融通教材开发案例导航

戴 勇 刘志刚 著

机械工业出版社

本书是一部基于1+X书证融通的职业教育教材开发案例导航类图书，面向的读者主要是参加职业技能等级证书配套教材开发的企业专家和相关人员，以及职业院校的中青年教师。

本书第1章是从X配套教材的管理方面进行的相关研究，分析政策维度、教育维度和出版维度对教材开发的要求，分析教材开发中出现的问题，探讨如何构建教材开发的质量保障体系。第2章主要分析书证融通与课证融通之间的关系，课证融通作为书证融通的一个重要研究分支，是深化1+X证书制度试点的"将来进行时"，需要预研，且已有专家就其与学分银行的衔接提出了自己的观点。第3章从职业教育教材的形态研究出发，分析了十多年来教材形态的变化，梳理了职业教育教材内、外形态的内涵，并从当前的立体化教材、活页式教材、工作手册式教材等热点问题入手进行了归类研究。第4章和第5章重点讨论了职业教育教材的体例结构和单元结构。通过对现在职业教育教材市场上均能见到的农林牧渔、装备制造、轻工纺织、交通运输、电子与信息、医药卫生、财经商贸、旅游等大类专业的教材中典型案例分析，并运用教材开发理论梳理出多种类型的体例结构和单元结构，供有兴趣的读者在编撰教材时参考。与此同时，基于"互联网+"的背景，介绍了与职业教育配套教材密切相关的数字化资源建设信息，给出了教材开发与建设的立体化框架。第6章主要介绍了在深化1+X证书制度过程中，如何化解目前遇到的书证融通工作量大、较难大面积推广的堵点问题。推出了"小切口定向的书证融通教材开发与建设模式"，并通过与广州中望龙腾软件股份有限公司和苏州富纳艾尔科技有限公司合作，将第四批入围教育部目录管理的"机械产品三维模型设计"职业技能等级标准（中级）证书与高职的机械设计制造类专业、"工业视觉系统运维"职业技能等级标准（中级）证书与高职的自动化类专业开展小切口定向书证融通和教材开发案例简况向读者予以介绍。在该章最后，提出了需要研究的几个问题，以抛砖引玉。

图书在版编目（CIP）数据

基于1+X证书制度的教材开发研究：书证融通教材开发案例导航/戴勇，刘志刚著. —北京：机械工业出版社，2022. 11
ISBN 978-7-111-71718-8

Ⅰ.①基… Ⅱ.①戴… ②刘… Ⅲ.①职业教育-教材建设-研究-中国 Ⅳ.①G712.33

中国版本图书馆CIP数据核字（2022）第180997号

机械工业出版社（北京市百万庄大街22号　邮政编码100037）
策划编辑：王莉娜　　　　　责任编辑：王莉娜
责任校对：梁　静　贾立萍　封面设计：鞠　杨
责任印制：单爱军
北京虎彩文化传播有限公司印刷
2023年1月第1版第1次印刷
184mm×260mm·10.75印张·252千字
标准书号：ISBN 978-7-111-71718-8
定价：68.00元

电话服务　　　　　　　　　　网络服务
客服电话：010-88361066　　　机　工　官　网：www.cmpbook.com
　　　　　010-88379833　　　机　工　官　博：weibo.com/cmp1952
　　　　　010-68326294　　　金　书　网：www.golden-book.com
封底无防伪标均为盗版　　　机工教育服务网：www.cmpedu.com

前言
PREFACE

　　近年来，《习近平新时代中国特色社会主义思想进课程教材指南》《国家职业教育改革实施方案》、教育部等四部门印发《关于在院校实施"学历证书+若干职业技能等级证书"制度试点方案》和教育部《职业院校教材管理办法》等系列重要文件的连续出台标志着国家对职业教育教材的重视程度是前所未有的。教材是人才培养的载体，是教学的蓝本，是学生获取知识的基本途径，教材质量是影响人才培养质量的重要因素。1996年通过，2022年修订的《中华人民共和国职业教育法》（以下简称《职教法》）经第十三届全国人民代表大会常务委员会第三十四次会议表决通过，已于2022年5月1日起施行。《职教法》第三十一条提出："国家鼓励行业组织、企业等参与职业教育专业教材开发，将新技术、新工艺、新理念纳入职业学校教材，并可以通过活页式教材等多种方式进行动态更新。"第六十一条提出："国家鼓励和支持开展职业教育的科学技术研究、教材和教学资源开发，推进职业教育资源跨区域、跨行业、跨部门共建共享。"职业教育教材建设"入法"，对于我们职教人而言，任重而道远！

　　本书作者参与了1+X证书制度试点工作调研、"1+X证书制度试点工作专项评估"的访谈活动、"职业技能等级证书配套教材开发指南编写研讨会"、作者所在学校无锡职业技术学院的1+X证书制度试点工作，从中发现了一些比较普遍的现象：一是专业教学与X证书培训各自独立进行，原因是书证融通工作量太大；二是大多数培训评价组织将X配套教材的开发任务发包给了职业院校教师，原因是开发X配套教材的时间成本和人力成本偏高；三是对如何将职业教育教材开发理论结合至具体的教材编撰活动中，许多教师感到力不从心，希望在教材开发理念、思路、方法、模式等方面得到指导。本着问题导向，作者萌发了编写本书的想法，期望在职业教育教材理论与具体的教材编撰之间架起一座桥梁。本书适用于但不仅限于基于1+X制度的教材开发活动。

　　基于1+X证书制度的教材开发研究是一项应用性研究。作者针对1+X证书制度试点过程中有关教材开发中的一些问题，从政策层面研究有关职业教育教材和X证书配套教材的开发管理问题，探索其质量保障体系的构建要素；从职业教育教材管理层面研究开展书证融通和课证融通的相同与不同之处，进而对课程标准开发与认证的工作思路与流程进行梳理；从"互联网+"和职业教育教材的形态变化出发，分析近些年来职业教育教材市场中的立体化教材、活页式教材、工作手册式教材等的内容、体例、单元及相关构成要素，从探索适应职业教育发展的教材开发模式展开研究，以此确立教材开发的目标和基本原则，并提出教材开发的工作流程、内容结构要求等；从职业院校教师开发教材和培训评价组织编写X配套教材的工作实际出发，研究现阶段1+X书证融通的难点，探索一种小切口定向的书证融通及教材开发模式，为深化1+X证书制度试点寻找一种阶段性的改革措施，满足职业院校在专业教学与培训工作中对教材的需要。

本书由无锡职业技术学院戴勇和刘志刚撰写。单云、余黎明、徐行、唐立平、华红芳、姚晓宁、丁健等为本书提供了部分素材；广州中望龙腾软件股份有限公司和苏州富纳艾尔科技有限公司提供了部分案例资料。在本书的编写过程中，还得到了教育部职业教育发展中心和教育部教育质量评估中心等相关专家的大力支持和帮助。在此谨对这些老师和专家表示衷心的感谢！

撰写本书的目的是与同行分享基于1+X证书制度的教材开发思路、方法、路径及相关工作成果，也期盼读者对其比较、揣摩、借鉴和"打靶"，为深化1+X证书制度和职业教育教材建设工作共同探索和发力。但限于作者水平，且1+X证书制度和职业教育教材改革正处于深化过程中，学术界各种观点、术语也未完全得到统一，所以很难全面而又深刻地反映其全貌，恳请同行专家及广大读者批评指正。

作　者

目 录
CONTENTS

第1章 CHAPTER 1 X配套教材的管理研究

近年来，一系列重大的教材出版政策连续出台，标志着国家对职业教育教材的建设和使用高度重视。职业教育教材是人才培养的载体，是教学的基本蓝本，是学生获取知识的基本途径，教材质量影响着高素质技术技能人才的培养质量。与职业技能等级标准配套的教材开发和使用是1+X证书制度试点的重要组成部分。分析现已出版的部分职业技能等级证书（简称：X）配套教材，其开发、使用和管理等不同程度地出现了一些亟待改进的问题。这些问题不仅表现在许多教材的文字表述质量不够高，对X标准与课程原理的应用研究不够全，更突出的问题是对教材的内容结构与职业教育的规律研究不足。基于1+X证书制度试点工作推进的需要，把X配套教材作为独立的职业教育要素进行研究和建设极有必要且意义深远。一方面职业教育教材理论研究应及时跟上试点工作的进展，另一方面整个职业教育教材的研究发展需要多个相关领域的创新。一部优秀的X配套教材的编撰不仅是对相关知识进行组合，其形成过程是一项复杂的开发行动，其中有大量科学问题需要研究和探索。就1+X证书制度试点工作而言，如何针对X配套教材开发、出版、使用等环节进行有效管理，是本书的重点研究领域之一。

1.1 X配套教材的开发要求

除了国家统编教材，教材的编撰与选用受多种因素影响，既有国家政策层面的影响，又有职业教育类型特征的内在要求，还有出版市场制约，故是一个多维因素影响下的工作系统。开发X配套教材需要考虑的约束更多，也更专业，图1-1列出了X配套教材开发需要考虑的三个维度。

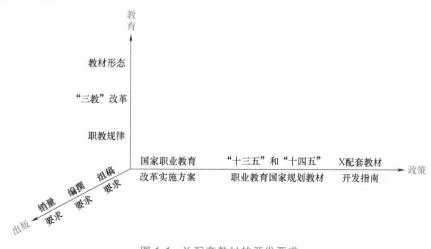

图 1-1　X配套教材的开发要求

1.1.1 政策维度对 X 配套教材的开发要求

国务院发布的《国家职业教育改革实施方案》（以下简称职教 20 条）和教育部等四部门联合印发的《关于在院校实施"学历证书 + 若干职业技能等级证书"制度试点方案》（以下简称试点方案）都提出：深化教师、教材、教法"三教"改革。要求"培训评价组织作为职业技能等级证书及标准的建设主体，对标准质量、声誉负总责，主要职责包括标准开发、教材和学习资源开发、考核站点建设、考核颁证等，并协助试点院校实施证书培训"。《关于组织开展"十三五"职业教育国家规划教材建设工作的通知》（教职成司函〔2019〕94 号）提出："适应 1+X 证书制度试点工作需要，将职业技能等级标准有关内容及要求有机融入教材内容，推进书证融通、课证融通的教材。"《教育部办公厅关于组织开展"十四五"首批职业教育国家规划教材遴选工作的通知》（教职成厅函〔2021〕25 号）进一步对职业教育教材工作提出了建设要求。为深入实施职业技能等级证书制度，教育部职业技术教育中心研究所组织专家编制了《职业技能等级证书配套教材开发指南（试行）》，就 X 配套教材的工作目标、开发理念、开发原则、开发流程以及教材出版流程等提出了明确和具体的指导意见。由此可见，在政策层面上提出了 X 配套教材编撰的责任主体是培训评价组织，配套教材编撰的依据是职业技能等级标准；X 配套教材的开发从试点工作要求和职业教育的类型特色分析，都与校企紧密合作有关。

1.1.2 教育维度对 X 配套教材的开发要求

职业教育的教材建设有其自身的规律和特点，这是由职业教育作为不同于普通教育的一种类型教育所决定的。职业教育的类型教育特征也是其教材建设的基本逻辑起点。"职教 20 条"提出的 1+X 证书制度试点工作是新时代职业教育发展的需要。教育部关于印发《孙春兰副总理在全国深化职业教育改革电视电话会议上的讲话》的通知（教职成〔2019〕9 号）（以下简称讲话的通知）提出："稳妥推进 1+X 证书制度试点。把学历证书和职业技能等级证书结合起来，是职教改革方案的一大亮点，也是重大创新。"因此，职业教育教材建设必须更新理念，应对职业教育向类型教育转型发展的需要，服务于职业教育改革发展的大局，以立德树人为基础，保证正确的教材建设政治方向；以标准为导向，保障教材建设规范性；强化教材建设的职业性与实用性；适应产业发展需求，增强教材建设服务产业高质量发展的能力；适应学生发展需求，强化以学习者为中心的职业院校教材建设宗旨；构建多方参与的教材建设长效机制，全面提升教育教学质量。

自 2018 年全国教育大会至今，国家关于职业教育改革发展的文件中多次提到加大"三教"改革力度。在职业教育教材建设领域，"讲话的通知"指出："教材建设的重点是解决陈旧老化的问题，教育部将启动新一轮国家规划教材建设。各地要对职业院校教材情况进行摸底排查，职业院校也要做好自查，对滞后于实践发展的教材，该停用的要停用，该更新的要抓紧更新。要紧盯技术和产业升级需求，及时将新技术、新工艺、新规范纳入教材，探索使用新型活页式、工作手册式教材并配套信息化资源，引入典型生产案例，把教材每 3 年大修改调整一次、每年小修改调整一次的要求落到实处。当然，教材更新主要是指自然科学相关专业的新技术要及时吸纳到教材中，基本理论和原理是不变的。要建立教材信息资源库，将国家、省两级规划教材纳入信息库，为职业院校选用教材提供服务。"

职业教育教材的开发是一个很专业的研究领域，首先是"教材形态"问题。教材形态指的是教材作为一种教学中介的表征形式，可分为教材的外在形态和内在形态。有关这方面的信息在"第3章 职业教育教材的形态"中讨论。教材形态的变革受到诸多因素的影响，21世纪初的高等职业教育国家示范校建设期间发生了比较大的变化，收获了阶段性成果。从总结经验、走向未来、深化研究的视角思考，最为根本的因素乃是教材使用者对知识学习的需求。从职业教育教学和学习者的角度来看，其需求包括以下三个方面：一是与岗位（群）相关的技术理论知识，通过技术理论知识了解岗位工作过程的基本原理和机制，以适应不断变化的工作情境与内容；二是与岗位（群）相关的技术实践知识，通过技术实践知识直接指导个体完成岗位工作任务；三是教与学规律的研究与把握。随着高等教育普及化，如何适应学情的变化是项重要的研究课题，从特殊到一般、从形象到抽象，如何根据学情编撰教材，如何让教材成为学生"学会学习"、帮助学生获得可持续发展的内在机制，职业教育教材需要不同程度地为这三个方面发挥作用。

随着1+X证书制度试点工作的推进，如何贴近1+X证书制度试点工作需要，在教材建设中有机融入职业技能等级标准有关内容及要求，进而开发书证融通、课证融通的教材，是1+X证书制度试点工作的重点任务之一。

1.1.3 出版维度对 X 配套教材的开发要求

X 配套教材的出版需要经历一系列流程，是一项严肃、认真和细致的工作。教材出版有培训评价组织与出版社互动的过程，出版社出版教材有严格的遴选和审核要求，即使 X 配套教材入围某出版社的出版计划，其还有时间约束。教材出版的参考流程如图1-2所示，主要包括9个主要步骤，每个步骤时间间隔从一周到6个月不等。一般教材从开始编写到最终出版需要持续一年左右。一般情况下，培训评价组织必须在 X 配套教材出版时及出版后开发配套的数字化课程资源。

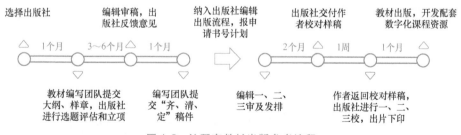

图 1-2　X 配套教材出版参考流程

出版社既是一个出版机构，也是出版市场的主体之一，故对经济效益有一定的要求。X 配套教材的出版发行量是与职业院校选择 X 证书及参加证书学习培训量密切相关的，X 证书受欢迎的程度是影响教材发行量的关键。

1.2　X 配套教材开发中出现的问题

"职教20条"和"试点方案"明确了培训评价组织的职责包括标准开发、教材和学习资源开发、考核站点建设、考核颁证等。自 2020 年起，X 配套教材随着四个批次职业技能等级标准相继入围教育部目录管理范畴，陆续出现在职业教育教材出版市场上。现有发行的 X 配套教材，有半数以上符合职业教育教学规律，能基本满足职业院校的培训教学要求，但总体上还存在着出版数量有限、教材与证书所面向的专业吻合度不高、教材的内容结构不能适应职业院校教育教学等问题。

1.2.1　X 配套教材开发节奏偏慢

2020 年是培训评价组织牵头，组织各方力量编撰培训教材的丰收年。这些教材主要配套第一批至第三批入围教育部目录管理清单的 X 证书。至 2021 年 4 月，可以从教材市场查看到的正式出版的教材共计 90 部，作者采购到的这类教材共计 86 部，其中 6 部属"搭车"教材，真正属于 X 配套教材的是 80 部。根据这些教材反映的信息，作者进行了以下梳理。

为贯彻"职教 20 条"，按照《中华人民共和国国民经济和社会发展第十四个五年规划和 2035 年远景目标纲要》对职业教育的要求，教育部关于印发《职业教育专业目录（2021 年）》的通知已下发执行，该目录在科学分析产业、职业、岗位、专业关系的基础上，对接现代产业体系，服务产业基础高级化、产业链现代化，统一采用专业大类、专业类、专业三级分类，一体化设计中等职业教育、高等职业教育专科、高等职业教育本科不同层次专业，共设置 19 个专业大类、97 个专业类、1349 个专业。根据初步判断，将现已入围教育部目录管理的 X 证书做了分类并列出了专业大类与 X 证书及配套教材之间的对应关系（见表 1-1），以反映职业教育"一体化"专业大类与 X 证书及当下由培训评价组织开发的配套培训教材之间的对应关系。从表 1-1 中可见，在推进 1+X 证书制度试点工作中，教材建设任重道远。

分析采购到的 80 部 X 配套教材，从其外在形态上可分为立体化教材、活页式教材和工作手册式教材三类。其中，立体化教材 56 部（占比 70.0%）；活页式教材 22 部（占比 27.5%）；工作手册式教材 2 部（占比 2.5%）。

立体化教材、活页式教材和工作手册式教材的呈现形式是纸质教材，但都在不同程度上与相关 X 证书平台（云端服务器）上的培训课程资源有关联，反映了"互联网+职业教育"的时代特征，助推了传统培训方法的改革。

表 1-1　职业教育"一体化"专业大类与 X 证书及 X 配套教材之间的对应关系

序号	职业教育专业大类	X 证书标准/个	配套培训教材/部
1	农林牧渔	7	0
2	资源环境与安全	8	0
3	能源动力与材料	14	2
4	土木建筑	9	10
5	水利	4	0
6	装备制造	66	11
7	生物与化工	3	0
8	轻工纺织	6	0

（续）

序号	职业教育专业大类	X证书标准/个	配套培训教材/部
9	食品药品与粮食	5	0
10	交通运输	36	2
11	电子与信息	149	24
12	医药卫生	11	3
13	财经商贸	56	26
14	旅游	15	0
15	文化艺术	18	2
16	新闻传播	16	0
17	教育与体育	5	0
18	公安与司法	0	0
19	公共管理与服务	19	0
	合计	447	80

　　教育部在"职教20条"出台前就做了大量的有关1+X证书制度的"前奏"工作。教育部职业技术教育中心研究所受教育部职业教育与成人教育司委托，于2018年9月发布了《关于招募职业技能培训组织的公告》（教职所〔2018〕144号）（以下简称公告）。"公告"提出："为贯彻落实党的十九大和全国教育大会精神，完善职业教育和培训体系，进一步加强复合型技术技能人才培养，教育部推动建立和实施'学历证书+职业技能等级证书'制度。为发挥社会力量的作用，受教育部职业教育与成人教育司委托，教育部职业技术教育中心研究所在若干个技术技能人才紧缺的专业领域，面向社会公开招募职业技能培训组织，参与做好相关工作。"公告中提出的申报条件为：

　　1）在中国境内依法登记注册、具有规范的财务制度和管理制度，具有一定规模的培训组织。

　　2）在本行业（专业）领域具有一定的影响力。参与制订过国家、行业相关职业技能标准，有依据有关标准自行编写的专业技能教材。

　　3）具有5年以上职业技能培训经验和累计5万人次以上的培训规模。开展培训所依据的培训标准先进、企业认可度高、培训资源丰富，与职业院校有合作基础。

　　4）具备开展培训所需的师资团队和场地、设施设备等。

　　5）具有良好的社会信用，无违法、失信等不良行为记录，不以营利为唯一目的。

　　"公告"中提出需要提供的申报材料中与X配套教材相关的有："申报单位需提供与申报专业领域相关的标准、培训、考核、颁证等方面支撑材料，主要包括培训标准、考核大纲、题库样例、教材等培训资源，考核站点清单、培训站点清单、有关管理制度、协议文本，及其他支撑材料等。"

　　教育部职业技术教育中心研究所在2018年至2020年陆续发布了四次关于招募职业教育培训评价组织的公告。根据公告的要求，凡是入围教育部职业技能等级证书目录管理清单的培训评价组织都必须同时提供X配套教材，但其实很难，其原因是多方面的。

1.2.2 X配套教材遵循教育规律不足

　　教材开发首先要解决内容选择和组织逻辑的依据问题。从职业教育教学视角出发，其认知规律、技能掌握和培训办法等有其特点，一般采用工作思路比较清晰的"先横后纵"方法。这种方法是基于人的认识都是由浅入深、由表及里的，故对应职业技能等级标准模板，相关技能训练必须逐一"工作领域"开展，当所有工作领域的"工作任务"及其"职业技能"训练完毕后，方能开展贯穿所有工作领域的综合训练。在职业院校，实践能力培养无不是按"单项技能""专项技能"和"综合技能"路径进行的。因此，X配套教材应该依据职业技能等级标准的"先横后纵"流程编撰，如图1-3所示。80部X配套教材中，有49部是按照"先横后纵"的顺序编撰的，占比61.3%，见表1-2。在对部分试点院校专业骨干的访谈中了解到，一些X配套教材按"纵向"编撰，这对于开展X证书培训的教师而言，是难以组织教学的。这就如一位初学开车的新手，不能一上来就安排上路驾驶训练。其培训流程应该是先熟悉汽车基本的内外结构、驾车常识与汽车操作系统，然后学会起动与停车、绕S弯、上下坡起停、倒车入库，最后才能上路。上路的训练环节就是综合训练，前面的各项技能训练环节必不可少。X配套教材编撰的"先横后纵"就是这个道理。

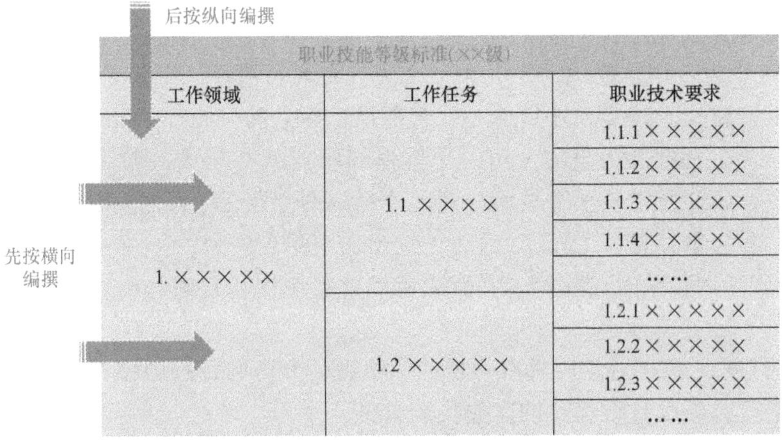

图1-3　X配套教材"先横后纵"编撰顺序示意图

表1-2　X配套教材出版信息统计

序号	专业大类	X证书数量	教材数量/部			备注
			立体化	活页式	工作手册式	
1	能源动力与材料	1	2			依据"先横后纵"顺序开发教材1部
2	土木建筑	1	9	1		
3	装备制造	5	8	1	2	依据"先横后纵"顺序开发教材7部
4	交通运输	1	2			
5	电子与信息	12	22			依据"先横后纵"顺序开发教材16部
6	医药卫生	1	3			依据"先横后纵"顺序开发教材3部

（续）

序号	专业大类	X证书数量	教材数量/部			备　　注
			立体化	活页式	工作手册式	
7	财经商贸	8	10	16		依据"先横后纵"顺序开发教材21部
8	文化艺术	1	2			依据"先横后纵"顺序开发教材1部
合计/部		30	56	22	2	49
平均每部教材定价/元			50.14	76.69	57.4	未统计

由表1-2还可看出，80部X配套教材中，立体化教材均价为50.14元，作者统计了无锡职业技术学院2021年春季采购的512部专业教材（亦是立体化教材）的均价为46.58元，两者价格相差7.6%；X配套的活页式教材均价为76.69元，是X配套的立体化教材（50.14元）的1.53倍，其定价偏高的原因是活页式教材的装帧要求和纸张要求所致。因X配套的工作手册式教材仅2部，信息量太小，作者不做评述。

1.2.3 X配套活页式教材形似神不似

作者所采购的X配套活页式教材在装订形式上有三种模式。第一种是根据职业技能等级标准中的初级、中级和高级分别编撰了三部配套教材；第二种是初级和中级合编成一部配套教材，高级则另外编撰成一部教材；第三种是初级、中级和高级合编成一部配套教材，书厚且不便于携带。这些活页式教材价格最贵的达186元，对读者有一定的经济负担。

活页式教材的特点之一是能够快速迭代其内容。迭代的依据主要是技术更新和产品全生命周期，迭代比较快的领域是与新一代信息技术紧密相关的X标准。从目前447个职业技能等级标准分析，不是所有的X标准都需要进行快速迭代，且目前X标准的迭代时间周期要求还没有明确的规定，可以参考的是在政策层面职业教育教材需要三年一大修、每年一小修。面对19个专业大类的职业教育专业目录，首先需要梳理哪些X标准需要快速迭代；这些X标准主要对接的大类专业有哪些。现在的X标准大部分都呈"广覆盖"倾向，一个X证书往往面向几十个专业，其针对性存在问题，X证书对提升"1"的实践能力需要加强顶层设计。X配套教材的编撰既要考虑面向的职业岗位变化，也要考虑所面向的专业实际，在普遍具有信息化技术支撑的环境下，迭代的方式是否有必要采用物理的方式需要细研。

作者认为，X配套教材的迭代依据是X标准。通过查阅"教育部职业技能等级证书管理与服务平台"中的X标准，目前进入教育部目录管理的447个X标准的确已经开始出现了迭代版，但迭代的主要内容是针对2021年教育部最新出台的专业目录所调整的专业名称（新版X标准与原版X标准相比主要变化为增加了适用专业，并分别以原版专业目录和新版专业目录的形式体现，符合院校专业调整变化实际情况）。X标准的内容迭代，或者是其工作领域，抑或是工作任务及职业技能。但新版的X标准在这方面的内容不多。还需要重点关注的则是X配套教材中的典型案例，这些案例的确是常变常新，通过查阅X配套教材所关联的网站，其迭代的成果很多。这些内容的变化是活页式教材的真正内涵，也就是说活页式教材的"魂"在此，在云端服务器；其"形"因信息技术的发展可以边缘化了；亦因出版周期的制约，不可能将 X 配套教材每年迭代一次其外在形态。查阅现已采购到的 X 配套活页式教材，有的网站上有新的典型案例，但也有不少网站上的案例还是首次建网时的作品，未能及时更新。X 配套的活页式教材仅注重外在形态的变化，并非政策层面倡导的本意。

1.3　X 配套教材出现问题的原因

X 配套教材开发节奏偏慢、X 配套教材遵循教育规律不足、X 配套活页式教材形似神不似等问题事出有因。采用准市场化模式的 1+X 证书制度试点本身就是一种职业教育教学的创新举措，需要探索、逐步完善和发展。

1.3.1　X 配套教材开发管理机制不健全

参照一般教材的开发流程，X 配套教材开发一般包括七个主要步骤，如图 1-4 所示。根据教育部等四部门印发《关于在院校实施"学历证书+若干职业技能等级证书"制度试点方案》："培训评价组织作为职业技能等级证书及标准的建设主体，对标准质量、声誉负总责，主要职责包括标准开发、教材和学习资源开发、考核站点建设、考核颁证等，并协助试点院校实施证书培训。"故 X 配套教材的编撰主体应该是培训评价组织及其由他们组织的教材编撰团队。问题是"⑦审定教材"的责任主体应该是谁？

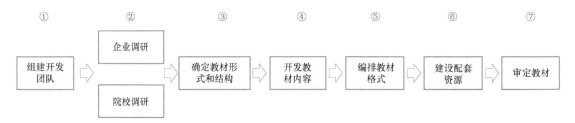

图 1-4　X 配套教材开发流程参考

根据《职业院校教材管理办法》，职业教育教材编撰的责任主体是职业院校；该文件在第五章明确了教材审核主体："第十九条　职业院校教材实行分级分类审核，坚持凡编必审。

国家统编教材由国家教材委员会审核。

国家规划教材由国务院教育行政部门组建的国家职业院校教材审核机构负责审核；省级规划教材由省级教育行政部门组建的职业院校教材审核机构负责审核，其中意识形态属性较强的教材还应送省级党委宣传部门牵头进行政治把关。

其他教材由教材编写单位相关主管部门委托熟悉职业教育和产业人才培养需求的专业机构或专家团队进行审核认定。"

从文件表述可知，X 配套教材审定的责任主体应该是培训评价组织的母体公司或者没有母体公司的培训评价组织本身。这使得培训评价组织面临很大的挑战，部分 X 配套教材由培训评价组织委托专家编撰，但没有确定 X 配套教材的审核者，因此，出现问题也是非常自然的。因 X 配套教材是新生事物，规范和完善需要时间。

1.3.2 X 配套教材开发主体实力不足

不同批次和不同培训评价组织对试点工作重视程度和投入力度参差不齐，差异较大。各培训评价组织专职从事证书管理（含开发、运营等）的人数差异较大（表 1-3），说明培训评价组织对 X 证书的重视程度和投入力度也存在差异。

表 1-3 培训评价组织专职从事证书管理的人数统计表

培训评价组织	专职从事证书管理的总人数	证书数量	从事证书管理的平均人数
培训评价组织—1	97	1	97
培训评价组织—2	233	4	58
培训评价组织—3	82	2	41
培训评价组织—4	41	1	41
培训评价组织—5	115	3	38
培训评价组织—6	74	2	37
培训评价组织—7	32	1	32
培训评价组织—8	25	1	25
培训评价组织—9	24	1	24
培训评价组织—10	20	1	20
培训评价组织—11	57	3	19
培训评价组织—12	18	1	18
培训评价组织—13	15	1	15
培训评价组织—14	14	1	14
培训评价组织—15	120	9	13
培训评价组织—16	40	3	13
培训评价组织—17	10	1	10
培训评价组织—18	20	2	10
培训评价组织—19	21	2	10
培训评价组织—20	20	2	10
培训评价组织—21	9	1	9
培训评价组织—22	19	2	9
培训评价组织—23	15	2	7
培训评价组织—24	15	2	7
培训评价组织—25	29	4	7
培训评价组织—26	18	3	6
培训评价组织—27	6	1	6
培训评价组织—28	6	1	6
培训评价组织—29	21	4	5
培训评价组织—30	25	6	4
培训评价组织—31	9	3	3
培训评价组织—32	8	3	2
从事证书管理的总平均人数			19

注：从事证书管理（含开发、运营等）工作的平均人数进行了取整处理。

　　凡是入围教育部目录管理的证书单位，必定设置相关机构开展证书的开发与迭代、运营和管理等工作。这类机构中的专班人员数量至少决定了证书管理工作的基本质量。这类机构一般设置成总部和区域两个层面，从表1-3中的证书管理平均人数分析，就是以当今信息技术的发达程度，也很难形成全口径覆盖面。从总体情况分析，目前证书缺少上市前的验证环节，一般证书上市前至少需要两个批次的实验，形成适宜性数据后才能正式进入运行阶段，这些工作需要一批专职人员进行；证书上市后因各种原因需要协调和解决问题，又需要投入人力；开展证书研究和培训资源开发，包括教材和数字化培训资源，有的证书考核培训需要专门的培训器材，也要投入人力资源进行研究和推广；有的培训评价组织对所设机构进行绩效考核，因有些考核指标的导向作用限制了人力资源的投入，也会造成在证书管理、开发、运营中的工作质量难以保证。总体而言，目前已经向市场提供正式出版教材的培训评价组织还是拥有较强实力的，即便如此，距离比较理想的市场需求仍显供给不足。不少培训评价组织对于教育部关于X配套教材编撰方面的要求有时也只能"依葫芦画瓢"，不能坐下来静静地思考一些比较深层次的问题。X配套教材开发主体实力不足问题随着试点工作进展有望逐步得到解决。

1.3.3　X配套教材开发缺乏长效机制

　　构建X配套教材开发的长效机制，需要人力和财力的长期投入。作为市场主体之一的培训评价组织，不可能在长期亏损状态下开展证书的开发、运营和管理。通过访谈部分培训评价组织，了解到不同的培训评价组织有其不同的经营思想。

　　品牌战略。对于有固定产品，技术储备较多的企业，尤其是一些龙头企业，X证书是其品牌战略的一部分，企业这种"前店后厂"的做法，其实质是看好多年以后的市场。当职业院校学生接受过他们企业的X证书培训，毕业后走上工作岗位且一部分毕业生在企业拥有话语权时，这种潜在的营销战略会产生作用。但目前这类企业在四个批次的X证书群中占比并不高，目前尚未形成证书的主体。

　　关联式营销策略。X证书是针对职业院校学生而专门设计的一款证书，主要目的是提升学生的实践能力、提高教育教学质量。目前X证书在用人单位还没有形成较大的影响。一些大型品牌企业自己拥有一些证书，且在相关领域形成了影响，如在信息技术领域，华为、中兴、百度、腾讯、新华三等知名龙头企业几乎全部参与并入围X证书目录管理清单，5G、区块链、云计算、大数据等技术领域先进企业标准进入校园。这些企业面向在职职工开发的证书覆盖了X证书内涵，并形成了面向职业院校和企业的并行证书系统。持有X证书的毕业生入职这类企业后通过培训或结合岗位任务自学，能取得更高级别的企业证书，这对于企业的人力资源开发有百利而无一害。这种关联式营销策略实质是企业品牌战略中的一种形式。遗憾的是，这类企业目前还不是培训评价组织的主体力量。

　　"互联网+"策略。教材是传授知识的教学载体，同时，教材也是出版业重要的盈利渠道之一。传统的纸质教材盈利模式单一，不能适应信息化时代的要求。因此，以出版社为主导，充分调动学校和培训评价组织的积极性，采用互联网和多媒体技术，联合开发数字化网络教材，不但可以提升专业人才培养质量，还能促成教材出版行业盈利模式的变革和发展。对出版社而言，传统教材完全依靠教材的销量获利。而教材的销量完全取决于X证书选用的情况，对外拓展性和适用性较差。这种盈利方式是一次性的，而随着行业企业转型升级，一方面出版社需要不断更新、改版教材，不断推出新教材才能保证获利的持续性；而另一方面，教材开发的周期较长，又不能保证及时反映市场需求。由此可见，传统教材开发所产生的经济成本和时间成本都比较高。而开发数字化网络教材可以使出版社规避此类风险，节省大量的运营资金，降低出版成本，并极大地缩短出版周期，提高出版效率，随时跟进市场动态，实时调配课程内容。基于"互联网+"策略，可以将 X 配套教材分为基础部分+特色部分，特色部分根据需求进行专门设计，内容体现专、新、特、精，其精细程度和资源的完备性均高于基础部分，属于高阶位的学习内容，学习者可以通过一定积分方式或付费方式享受更好的学习资源，体现个性化的定制服务。这种模式的主体力量仍然是培训评价组织，其动用的人力资源要求更高，需要培训评价组织在专班人员的配备上投入更大。

X 配套教材开发长效机制的构建，目前主要问题是专班力量的投入。而专班力量投入是一个长期的发展战略，一般情况下，只有大企业才能做到。解决该问题的核心，是培训评价组织的遴选与培育。该问题解决得好，X 配套教材的开发问题会有比较好的解决前景。

1.4 X 配套教材的质量保障体系构建

从政策层面上构建 X 配套教材的质量保障体系十分重要。该体系应由教育管理行政部门、培训评价组织、职业院校和出版机构组成。

1.4.1 出台 X 配套教材管理办法

出台 X 配套教材管理办法的重点是要有一套开发职业技能等级证书配套教材的开发流程及工作细则。其主要内容包括但不限于以下内容：

1. 依据及范围

国家层面上有关教材开发建设的有关文件是 X 配套教材开发的重要依据，如《习近平新时代中国特色社会主义思想进课堂教材指南》《国家职业教育改革实施方案》《关于在院校实施"学历证书+若干职业技能等级证书"制度试点方案》和《职业院校教材管理办法》等，据此形成 X 配套教材开发的总体目标、基本原则，进而提出教材开发的工作流程、内容结构、编写表述规则和格式要求等。

2. 术语与定义

职业技能等级标准是 1+X 证书制度的重要组成部分，参照国家标准制定的模式应该有相应的术语与定义，以明确 X 配套教材开发中的相关术语与定义，以便于 1+X 证书制度试点领域中所有人员对职业技能、工作领域、工作任务、职业技能等级标准、配套教材、学习单元、数字化教学资源等有一个明确的界定。

3. 总则

总则涉及 X 配套教材开发中的工作目标、开发理念和开发原则等。

4. 开发流程

X 配套教材的开发流程用于指导教材开发者组建团队、开展调研，明确教材开发形态、开发配套的数字化教学资源以及明确教材审定的要求等。

5. 教材出版

教材出版有其独到的工作流程，外界人士不一定了解其内情，需要进行比较详细的介绍，以有利于 X 配套教材的出版和发行。

6. 案例导航

现有的 X 配套教材中有一些是比较优秀的作品，可以通过案例导航介绍给同行，包括立体化教材、活页式教材、工作手册式教材等。

1.4.2　组建全国性的 X 证书联盟

实施 1+X 证书制度需要若干平台，搭建工作体系，形成体制优势。成立国家层面的职业技能等级证书联盟，加强证书统筹规划与指导十分重要。建议在教育部指导下成立国家职业技能等级证书联盟，按专业大类或者行业领域成立职业技能等级证书分联盟，成员由相关行指委、教指委、行业企业、培训评价组织、职业院校等单位的专家组成，形成覆盖全行业、全领域，承担或受托承担职业技能等级证书标准体系制定、考核认证、评价监督、指导咨询、服务保障等相关职能的专业化组织，统一指导协调证书工作。在这样的平台上开展 1+X 证书制度试点，有利于 X 配套教材的开发与审定，有利于在职业院校开展证书的培训活动，有利于开展横向沟通与交流，深化 X 证书制度的实施。

1.4.3　搭建教材开发团队培训平台

目前 X 配套教材开发团队的主体力量实际上是职业院校的教学骨干教师，由培训评价组织出资购买服务。这类服务有三种成果形式：一是职业院校教学骨干本身就参与了 X 证书的开发，了解证书内涵且教师本身通过培训掌握了高级证书相关技能，与培训评价组织的主要成员形成了默契，故 X 配套教材开发得比较好，教材受到了职业院校的欢迎；二是职业院校教学骨干教师没有参与 X 证书开发或者参与力度不大，且没有通过高级证书的培训，对证书的内涵从知识角度了解得不多，对技能掌握有差距，这类缺少切身体验的教师开发出来的 X 配套教材就有问题；三是个别培训评价组织甚至主要依靠职业院校骨干教师开发 X 证书，教师对新技术、新工艺、新规范、新要求了解不深不透，故开发出来的 X 配套教材的质量不高。

X 配套教材开发团队的培育有三种方式：一是大会宣贯，教材开发团队成员若有相关工作背景，一点就通，则成效明显，但不是所有团队或团队成员都有这样的悟性；二是专门的 X 配套教材开发交流会，有专家现场指导和定期沟通，效果比较好，但这样的会并不太多，要看培训评价组织的人脉和组织能力；三是由今后成立的 X 证书联盟出面进行有计划和有组织的培训及指导，这是最理想的方式，值得期盼。

第2章
CHAPTER 2
1+X书证融通与课程标准

国务院关于印发《国家职业教育改革实施方案》的通知（国发〔2019〕4号）已三年有余。李克强总理在十三届全国人大四次会议上所做的政府工作报告中提出："深入实施职业技能等级证书制度。"随着1+X证书制度试点工作的推进，书证融通工作受到了职业教育工作者的高度关注。为推进职业教育"三教"改革，提高专业建设水平，提升技术技能人才培养质量，切实解决与人才培养方案及X证书标准、培养过程与培训过程、专业考试与证书考证脱节的问题，相关探索工作正在紧锣密鼓地进行。

2.1 1+X书证融通与课证融通的同与不同

1+X书证融通（以下简称书证融通）与1+X课证融通（以下简称课证融通）有相同的方面，如都是通过1+X对原有的专业人才培养方案与课程体系进行解构和重构；也有不同的方面，尤其是在教学管理理念和制度层面，课证融通需要探索的领域更多。书证融通是"职教20条"提出的工作要求，三年多来1+X证书制度试点中借鉴了一部分"双证书"时期的探索实践成果，一些基本工作思路开始明朗，但总体而言，书证融通仍处于探索阶段。各省在这方面的推进力度参差不齐，但确有一些省市推进速度较快，如辽宁省推出了"辽宁省教育厅办公室《关于开展职业技能等级证书书证融通工作的通知》（辽教办〔2021〕139号）"。目前，不少职业教育工作者对1+X书证融通与1+X课证融通的同与不同没有梳理清楚，引起了1+X证书制度试点过程中一些理念和操作上的困惑，需要进行探讨和梳理。

2.1.1 专业与X证书对接路径

2021年末，据教育部职业技能等级证书管理与服务平台和学分银行信息平台上披露的信息，共有4952所院校（中职2970所，高职1339所，本科643所）参与1+X证书制度试点（占全国职业院校的43%），报名参加试点的学生达到590万余名；在试点过程中，各地各校根据区域经济社会发展需要和院校办学实际，在职业教育专业与X证书对接方面形成了多种路径，如图2-1所示。

这些对接路径的形成的一个重要原因是基于职业院校的学情。一般而言，一个专业人才培养方案的开发依据之一是根据学生学习情况的统计规律。大多数学生依照该方案经过数年的学习培训能顺利毕业，但总有一部分学生因各种原因不能毕业；另有一部分学生不但完成本专业的学业任务，而且有余力和能力在校学习更多课程。图2-1所示的高职专业一般对接中级X证书，但有部分学生会选择初级或高级X证书；中职专业一般对接初级X证书，也有少数学生会选择中级X证书；参与本科专业试点的学生通常选择高级X证

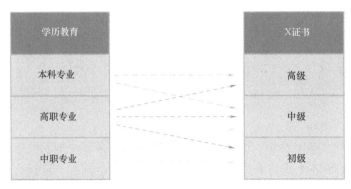

图 2-1　职业教育学历教育（专业）与 X 证书对接框架

书，但确实有部分学生选择了中级 X 证书。

对于一所职业院校的某个专业，在这样的对接路径下，如何开发专业课程体系、如何开发人才培养方案，也是一项比较复杂的工作。

始于 2019 年的专业群建设项目是国家职业教育"双高"建设项目中的重点之一。专业群与 X 证书群的对接是一项更复杂的教育教学改革任务。专业群建设是近年来职业教育专业建设中专业复合型人才培养的有效途径。一个专业群中通常包含 3~5 个专业，形成对接产业、动态调整、自我完善的专业群建设发展机制，促进专业资源整合和结构优化，发挥专业群的集聚效应和服务功能，实现人才培养供给侧和产业需求侧结构要素全方位融合。专业群建设契合了当今技术发展与生产模式转型的协同化生产模式对复合型专业人才的需求，通过群内各专业之间的协同与融合，专业群课程体系的重构与优化，培养专业复合型人才。

根据"职教 20 条"和中共中央办公厅、国务院办公厅印发的《关于推动现代职业教育高质量发展的意见》，按照高质量发展要求，坚持以学生为中心，深化复合型技术技能人才培养培训模式和评价模式改革，提高人才培养质量，畅通技术技能人才成长通道，拓展就业创业本领。为促进学历证书与职业技能等级证书互通，在一个专业群内，根据专业群内专业设置情况，可以选择若干个职业技能等级证书。按照"结构化融通、个性化选择、专门化发展"原则，群内专业与证书对接可以有以下几种方式：一个专业对接一个证书（一对一）、一个专业对接多个证书（一对多）、多个专业对接一个证书（多对一）、多个专业对接多个证书（多对多），如图 2-2 所示。专业群与证书群对接模式以 X 证书为纽带，可实现校内专业群各专业之间的学分互认。

X 证书对接专业人才培养方案有三个功能：一是深化功能，某专业与所选的 X 证书同处同一技术技能领域，则可深化该专业的素养、知识和技能；二是补充功能，某专业与所选 X 证书同处同一技术技能领域，但专业开设的课程内容与企业转型升级的新技术、新工艺、

图 2-2　专业群与 X 证书群对接框架（一）

新规范、新要求有一定差距，则可将 X 证书内容补充纳入教学内容；三是拓展功能，依据学生对就业选择或 X 证书兴趣需要，所选 X 证书可拓展或满足其职业领域及职业能力。基于学生就业岗位需要，在 X 证书群对接专业群时，需要明确该 X 证书对该专业学生培养的主要功能，是体现"窄而深"的职业能力强化，是体现"宽而广"的综合素质拓展，还是体现"兴趣使然"的跨专业复合，而且也要考虑该证书对群内其他专业学生的培养功能。因此，"多对多"书证融通的对接路线可以从深化路线、补充路线、拓展路线和兴趣路线进行总体设计，如图 2-3 所示。

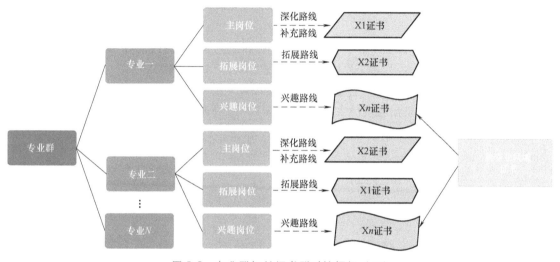

图 2-3 专业群与 X 证书群对接框架（二）

2.1.2 书证融通与课证融通的区别

书证融通也好，课证融通也好，都会遇到一个责任主体的问题。在 1+X 证书制度试点过程中，需要明晰其中的关系，培训评价组织开发的职业技能等级标准经教育部审定批准后开展试点。如图 2-4 所示，根据"职教 20 条"和四部门关于 1+X 证书制度试点要求，培训教材、数字课件和考证颁证等由培训评价组织负责；职业院校依据职业技能等级标准，负责开发培训大纲、培训课程、培训器材、培训活动。在实际试点工作中，可校企开展多种合作，共同推进试点进程。

1. 书证融通的两种模式

媒体对书证融通有许多解释，莫衷一是。作者认为，1+X 证书制度导向职业院校培养学生职业生涯发展所需要的综合能

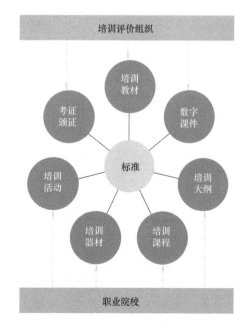

图 2-4 标准、培训评价组织与责任主体的关系

力，拓展就业创业本领，缓解结构性就业矛盾。书证融通是将毕业证书与职业技能等级证书对接，夯实学生可持续发展的基础。按照"职教20条"的要求，职业技能等级证书的培训活动由职业院校实施，其考核和颁证由培训评价组织负责实施。故书证融通中有关职业技能等级证书的考核者不是职业院校，而是第三方——培训评价组织，人才培养活动融入了社会评价，改革了学习评价模式，这是"职教20条"的制度设计与创新。书证融通必然涉及人才培养过程中的一系列教育教学活动的设计与实施，不同的职业院校和专业呈现出来的成果一定是百花齐放的。总结现有的1+X证书制度实践经验，书证融通对于职业院校和培训评价组织而言都是采用教考分离模式，但具体操作方式不同。

（1）1+X证书制度试点采用专业教学与证书培训各自独立模式　在1+X证书制度试点初期，大都采用"专业教学与证书培训各自独立模式"，如图2-5所示。该模式的主要特点是专业原来的课程体系和课程标准不变，按照原定的人才培养方案和教学计划组织教育教学；X证书的培训采用独立方式，计划出约8个学分所需要的时间和培训空间组织单独的培训活动。专业的各门课程考核按原定方式进行，X证书考核按培训评价组织要求实施。

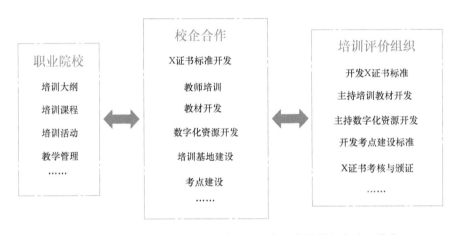

图2-5　1+X证书制度试点采用专业教学与证书培训各自独立模式

（2）1+X证书制度试点采用专业教学与证书培训适度融合模式　随着1+X证书制度试点的深入，专业教师逐步积累了有关X证书培训的数据、成果和经验，开始探索"专业教学与证书培训适度融合模式"，如图2-6所示。在X证书取证仍然采用单独考核的前提下，8个学分的部分培训内容与专业相关课程进行了融通，具体方法一是采用"加减法"：将原专业的部分内容删除并根据X证书培训内容要求进行完善补充；二是采用"迭代法"：原专业部分课程或课程中的部分内容被X证书的培训内容迭代，但X证书的实操培训仍然单独进行。该模式主要特点是专业原来的课程体系和课程标准经过适度的融合，整个1+X证书制度试点在该专业的教育教学与培训时间缩短了，融合后的专业总学分+X证书单独实操培训学分小于原专业学分+X证书的8学分。X证书取证考核按培训评价组织要求实施。这种模式相对于"专业教学与证书培训各自独立模式"，节约了教育教学资源和教师与学生的教学时间。

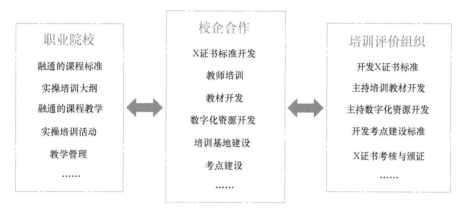

图 2-6　1+X 证书制度试点采用专业教学与证书培训适度融合模式

2. 书证融通与课证融通的不同

课证融通是由多种约束条件构成的一种教育教学改革方案，需要实现"三对接"：专业教学标准与职业技能等级标准对接；专业教学过程与职业技能培训过程对接；专业课程考核与职业技能等级考核对接。参照发达国家的实践案例，学习者通过接受课证融通后的新课程学习与培训，一旦成绩合格，则可直接申领职业技能等级证书。课证融通涉及融通要素、融通方法，新的课程标准开发过程伴随着标准的验证和课程认证等一系列工作。

书证融通是校企双方合作开展培训活动、各自进行考核的一种人才培养模式；课证融通也是校企双方合作开展培训活动，但考核工作则由职业院校单独实施的一种教学与培训形式，如图 2-7 所示。课证融通模式虽然采用了教考合一，但作为质量保障系统的必要环节，培训评价组织必须组织对考证结果的抽查。如果抽查结果发现问题，则要回到取证单独考核模式。这种模式对于职业院校和培训评价组织都存在风险，但改革总会有风险，需要相关方不断梳理总结，质量与诚信是职业教育高质量发展的基础和前提。

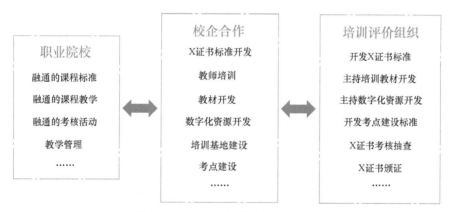

图 2-7　1+X 课证融通教考合一模式

2.1.3　书证融通与课证融通的关联要素差别

书证融通涉及职业技能等级证书和专业人才培养方面相关的资源与要求。在职业技能等级证书方面，涉及 X 证书标准内容、配套培训教材、配套数字化教学资源、用于培训的软件和硬件、受训者考证要求等；在专业人才培养方面，涉及专业课程体系、课程标准、配套教材、配套数字化资源、实训条件、教学管理制度等，其相关要素框架如图 2-8 所示。

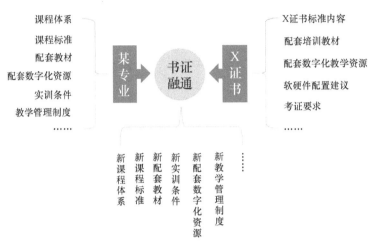

图 2-8 1+X 书证融通框架

课证融通也涉及职业技能等级证书和专业人才培养方面相关的资源与要求，其关联要素框架，如图 2-9 所示。实施课证融通后，学习者所修课程一旦通过，则无须再单独考 X 证书，可直接向培训评价组织申请领取证书。但这也存在风险，如果所修相关课程未达到合格水平，则专业课程成绩和 X 证书都要落空。

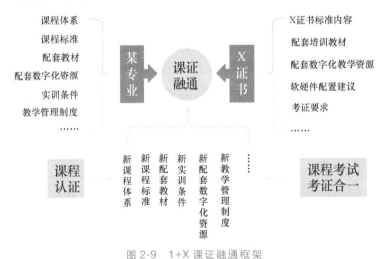

图 2-9 1+X 课证融通框架

2.2　书证融通与课程标准开发

《中国职业技术教育》主编唐以志先生认为：1+X 的核心是相互衔接和融通。标准对应：职业技能等级标准与各个层次职业教育的专业教学标准相互对应；内容融合：X 证书的培训内容与学历教育人才培养方案的课程内容相互融合；教学统筹：X证书培训过程与学历教育的教学过程统筹组织与实施；评价同步：职业技能考核与学历教育专业课程考试统筹安排，同步考试与评价；成果互换：学历证书与职业技能等级证书体现的学习成果相互转换。在1+X证书制度的设计中，"1"与"X"相互促进、相得益彰。其中，"1"是根本，是学生可持续发展的基础；"X"是补充，是为学生增强就业创业本领赋能。因此，进行书证融通与课程标准开发首先需要搞清楚课程开发的思路和方法。

目前，国内职教界的课程开发模式主要有两种：一种是基于职业能力标准清单的课程开发模式；另一种是借鉴OBE（Outcome Based Education）理念的课程开发模式。前者的课程开发逻辑是任务驱动、项目导向，以职业能力培养为主线进行课程体系和课程标准开发；后者的开发逻辑是依据工程教育的要求进行课程开发，毕业要求的指标点落在一系列相关课程中，但在一些课程中也结合了项目、任务、案例等体现职业能力培养的要素。基于职业教育的类型特征和院校的具体学情，这两种模式在组织教学时一般采用"灰箱理论"。本书以基于职业能力标准清单的课程开发模式为主，介绍书证融通的工作流程。

2.2.1 书证融通的两种课程开发方法

1. 基于职业能力标准清单的课程开发模式

开展书证融通的前提是"1"已具备了一套完整的专业课程体系，该课程体系和课程标准是在经历了人才市场调研、调研内容归纳、形成职业能力清单后所进行的一系列工作。其中，涉及的毕业生就业岗位与职业能力调研如图2-10所示；职业能力清单模板见表2-1，专业课程开发流程如图2-11所示（详情可参考2021年7月由机械工业出版社出版，钱晓忠等撰写的专著《1+X书证融通与学分银行建设研究》）。

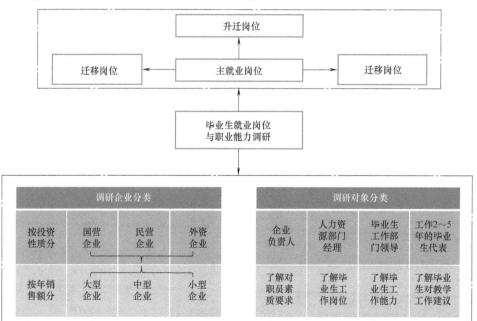

图 2-10 毕业生就业岗位与职业能力调研

表 2-1 职业能力清单模板

工作领域 N ××××××		
任务模块 1-1 ××××××		
职业能力 1-1-1	××××××	L2
职业能力 1-1-2	......	L2
职业能力 1-1-3	......	L1
职业能力 1-1-N	......	L3
任务模块 1-2 ××××××		
职业能力 1-2-1	××××××	L2
职业能力 1-2-2	......	L2
职业能力 1-2-3	......	L2
职业能力 1-2-N	......	L3
任务模块 1-N ××××××		
职业能力 1-N-1	××××××	L1
职业能力 1-N-2	......	L1
职业能力 1-N-3	......	L2
职业能力 1-N-N	......	L2

注：1. 工作领域：指岗位工作内容的主要方面。

2. 模块：在工作领域中，根据需要完成的工作任务，对工作领域的进一步划分。

3. 学习水平分为三级，"L1"表示在教师指导下能完成的入门级学习任务（工作难度和强度均不高）；"L2"表示在教师指导下能独立完成学习任务（质量达标，但完成任务的时间要求不高）；"L3"表示在教师指导下能熟练地完成工作任务（质量和时间双约束）。如果没有这方面学习要求，则学习水平栏为空白。

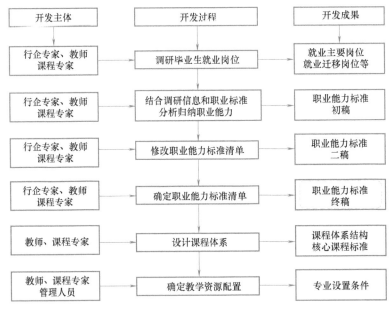

图 2-11 专业课程开发流程

2. 基于 OBE 理念的课程开发模式

OBE 是一种以学生的学习成果为导向的教育理念，认为教学设计和教学实施的目标是学生通过教育过程最后所取得的学习成果，要求接受认证的专业必须明确学习成果，也就是毕业要求。OBE 的教学设计遵循反向设计原则，即从需求开始，由需求确定培养目标，由培养目标决定毕业要求，再由毕业要求决定课程体系，根据课程体系确定教学要求和教学内容，通过校内外教学评价，评价培养目标和毕业要求的符合度和达成度。图 2-12 和图 2-13 所示分别为基于 OBE 理念的课程开发流程和基于 OBE 理念的毕业要求与课程矩阵表简图。

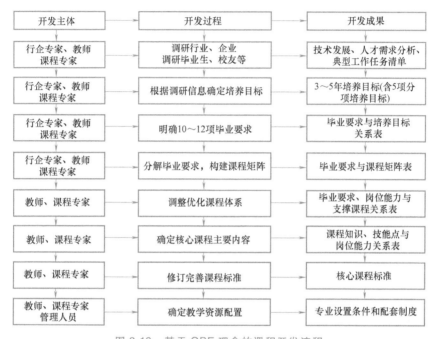

图 2-12　基于 OBE 理念的课程开发流程

毕业要求		课程1	课程2	课程3	课程4	课程5	课程6	课程7	课程8	课程N	Σ
学分		3	4	4	6	5	2	3	4	......	138
毕业要求能力指标1	指标点1A		0.2		0.4			0.1	0.3		1.0
	指标点1B	0.2	0.3			0.3		0.2			1.0
	指标点1C			0.3	0.3		0.2			......	1.0
毕业要求能力指标2	指标点2A			0.3		0.5		0.2			1.0
	指标点2B			0.4	0.6						1.0
	指标点2C	0.2			0.4	0.2			0.2		1.0
	指标点2D		0.3				0.2			......	1.0
毕业要求能力指标n	指标点nA	0.2		0.2		0.3		0.3			1.0
	指标点nB		0.3		0.4			0.2		......	1.0
	指标点nC				0.5		0.2			......	1.0
能力培养课程达成度要求		0.6	1.1	1.2	2.6	1.3	0.6	0.7	0.8	......	35
课程支撑指标点数		3	4	4	6	4	3	4	3	......	

（图中标注：专家研定）

图 2-13　基于 OBE 理念的毕业要求与课程矩阵表简图

基于 OBE 理念的课程开发与基于职业能力标准的课程开发方法迥异。前者是基于毕业要求，通过毕业要求与课程的矩阵表，梳理出各门课程标准；后者是基于职业能力标准梳理出一系列课程标准。两种课程开发模式有共同点——校企合作、毕业生工作岗位调研与分析、经多次论证形成专业课程体系等。

2.2.2 专业课程标准开发方法

专业课程标准是对某门专业课程的目标、内容、组织等编写与实施要求等要素的规定，是重要的课程文件。专业课程标准的立足点是该课程在整个专业课程体系中所处的地位和应发挥的作用以及教与学的关系等。

1. 专业课程标准的开发理念

（1）校企合作开发，体现产业发展新要求　基于新时代中国特色社会主义基本国情，立足毕业生主要就业地区行业企业转型升级的新要求，校企合作将新技术、新工艺、新规范、新要求引入课程内容，形成贴近先进企业岗位（群）对学习者在知识、能力和素养方面的要求。

（2）严格规范开发，着眼提升人才培养质量　通过专业课程标准开发的技术规范，严格规范课程标准开发，促进"三教"改革；进一步完善职业教育课程与教学规范体系，提升职业院校人才培养的整体质量，助力职业院校形成类型教育体系。

（3）服务学生开发，关注学生高质量就业与生涯发展　研究所在专业学情实际，服务于学生的知识获得和能力提升；培养学生具备岗位（群）要求的职业能力，提升学生职业综合素质，提高学生就业能力，服务国家产业发展战略。

2. 专业课程标准的开发原则

（1）一致性原则　专业课课程目标始终与工作任务要求对应，课程标准中的课时安排与学分管理要求相匹配。

（2）可操作性原则　课程性质定位符合实际情况，课程设计思路清晰、准确，能够在教学中使用；充分考虑学习者的认知基础和实践操作水平，课程内容与要求明确、清晰，清楚地表达出学习要求，教师与教材开发者阅读后能立即明确所要教的内容。

（3）协调性原则　课程标准实施通常以学期为单位，在"互联网+职业教育"背景下，要协调处理好专业课程标准的稳定性与迭代性问题，总体上按照三年一修订，每年一小修的原则进行专业课程标准的完善。

3. 专业课程标准的结构和开发规则

专业课程标准的结构和开发规则各校有各校的研究成果和案例，本书借鉴某校的案例，以抛砖引玉。

目　次

一、课程名称及代码

二、适用层次及专业

三、学分、学时

四、课程类型、性质及属性

五、关联课程模块名称及代码

六、课程思政要素

七、课程教学目标

八、教学内容及要求

九、实践教学内容

十、学习评价方法

十一、建议选用教材或讲义及数字化教学资源

十二、教学实施保障

十三、其他

以下内容为专业课程标准的结构和开发规则。

字体要求：标题为四号"黑体"，内容为五号"宋体"。行距为1.5倍行距。

一、课程名称及代码

课程名称：××××××

课程代码：××××××

注：新课程名称需系部发起申请，经学校二级学院负责教学工作的院长审批后方能启用，课程代码由教务处设置。

二、适用层次及专业

教育层次：××××××

适用专业：××××××、××××××

注：教育适用层次为高职专科、职业本科、对口单招、成人专科、成人本科；适用专业为名称以2021年教育部专科/本科专业目录（http：//www.moe.gov.cn/srcsite/A07/moe_953/202103/t20210319_521135.html）为准。

三、学分、学时

学分数：××；学时数：××

注：本条目说明的信息为学分、学时。一般课程学分按16学时计算。

四、课程类型、性质及属性

课程类型：××××××

课程性质：××××××

课程属性：××××××

注：课程类型为理论课、理实一体、实践课（含实验课、集中性实践环节等）；课程性质为专业课、公共课；课程属性为必修、选修。

五、关联课程模块名称及代码

课程模块名称××××××（代码：××××××）。

注：课程名称与代码参考学校教务系统课程库信息。关联课程主要指与该课程有较强关联性的课程，不必面面俱到。

六、课程思政要素

表 2-2　课程思政要素列表

教学内容	典型案例	教学资源	二级思政点	一级思政点	思政点属性

注：一级、二级思政点参考附件 1。

　　　思政点属性：在普适性、专业特性中选择。

七、课程教学目标

1. 课程教学目标编制要求

1) 以"能/会"开头，选择合适的认识性或者操作性动词，以一句完整的句子，把知识和技能综合描述出来。句式包括三个要素：什么条件、什么行为、什么结果。例如，"给定产品的所有工程资料，能撰写一份产品简介，这份简介要描述和定义产品的所有商业特征"。

2) 按照对学生的能力要求，从简单到复杂调整课程条目的顺序。能力表述依据具体任务可采用递进式、并列式等方式。

2. 课程教学目标编制的注意点

1) 课程教学目标表述要聚焦最终的学习结果，不能把结果与过程相混淆。避免表述学生做什么（活动），而是说明学生要达到何种心理与身体的变化结果。例如，错误的描述为"有技巧地与客户沟通，建立合作团队"，正确的描述为"善于和企业客户沟通，能与维修企业工作人员共事，进行良好的团队合作"。

2) 课程教学目标指的是预期的学习结果，而不是实际的学习结果。通过学习，学生未必能够达到该学习结果，但它是学生学习的目标指向，设计者要根据毕业生主要就业区域先进企业的岗位工作要求，将目标定位适度高于学生现有学习水平。

3) 课程教学目标的承载主体是学生而不是教师。无论教师做了什么、能做什么，它要表达的都是学生所要产生的变化。这种变化不能仅停留于知识层面（如对知识的掌握程度），而是要深入到心理结构层面（如对能力和价值观的改变），要表达出学生学习课程后在认知与行为上的结果。

4) 避免把课程教学目标划分得过于零碎。选择最核心的目标，条目通常为 3~4 条，内容明确，切忌罗列。将综合性知识和技能列举出来，不要把知识与技能分开列举，职业情景中认知技能通常难以与动作技能完全区分开来，有时甚至不能区分。素养目标可以单独列举出来，并且最好不要超过所有目标条目的三分之一。

八、教学内容及要求

表 2-3 课程教学内容及要求列表

序号	工作任务	职业能力	课程内容 （知识和技能）	学习水平	教学 重点/难点	学时	教学 资源	授课 方式	随堂 测验	作业
				L1						
				L2						
				L3						

注：1. 工作任务：职业和岗位的工作内容。它的外显特征是通过对从业者的实际工作内容的提炼、概括而形成的具有普遍性、稳定性的工作内容描述。

2. 职业能力：工作任务更加具体化的内容。它与工作任务具有同样的满足岗位（群）能力要求的性质，包括岗位（群）要求的技能、知识和素养的所有要求，但它注重从人的胜任角度描述工作任务。同时，它又与单项操作的技能描述有区别，强调对同一岗位功能的技能进行整体描述。

3. 课程内容：由知识与技能组成。以表 2-1 中的工作任务与职业能力清单为依据，分析课程内容（综合技能和知识）。以"能/会"开头，按照一定的专业逻辑顺序列入表格之中，并在每一条课程内容的后面注明学习水平，学习水平分为"L1""L2""L3"。

4. 教学重点：以短句形式描述章节的重点关键信息；两两之间使用分号（；）间隔。

5. 教学难点：以短句形式描述章节的难点关键信息；两两之间使用分号（；）间隔。

6. 学时：理论课建议以 2 学时为基本单位；毕业设计、毕业实践、定岗实习根据实际情况安排学时。

7. 教学资源：平台资源（职教云、MOOC、超星尔雅）……线下资源（注明名称及形式等）。

8. 授课方式：讲授、讲练结合、实习、实验、小组讨论……

9. 随堂测验：有/无。

10. 作业：根据所选教材和课程标准要求自主布置；建议每学期开学前通过教研活动确定主要作业内容。

九、实践教学内容

表 2-4 实践教学内容列表

序号	实践教学名称	备注
1	××××	
2	××××	
3		
……		

注：理论课（不含实践）填：无。

　　理实一体化课程、实验课、集中性实践环节填实践（实验）项目名称或任务名称等。

十、学习评价方法

（一）评分形式

××××、××××

注：课程评分采用的形式：出勤、平时作业、阶段测试、课堂检测、实践（实验）、期末测试。

（二）评分等级

注：评分等级可选百分制和等级制；等级制分优秀、良好、中等、及格、不及格五个等级。百分制与等级制的折算方法为：

优秀：≥90~100分；良好：≥80~89分；中等：≥70~79分；及格：≥60~69分；不及格：60分以下。

（三）评分结构

表 2-5　评分结构表

课程成绩/分	过程考核成绩比例(%)			期末考试（查）成绩比例(%)
	出勤成绩	平时成绩	测试成绩	
100				

注：过程考核成绩建议从以下项目选取：出勤成绩、平时成绩、测试成绩、课堂检测、实践/实验成绩；过程考核和期末考试成绩比例累加为100%；建议期末考试成绩比例不超过40%。

十一、教材选用

表 2-6　教材选用表

教材名称	教材类别	出版单位	出版年月	废止日期

注：教材原则上是近三年出版、再版或重印的高职类教材，实训课程也可选择企业培训教材。

十二、教学实施保障

（一）教学资源要求

本条目包含的信息：

1）课程教学团队。

2）课程信息化教学资源的网址。

3）课程实施的校内实验或实训资源配置情况。

4）课程实施用到的校外教学资源（若有，则标明）。

（二）教学方式方法

本条目主要包含的信息：

1）本课程使用课程平台资源实施教学的具体方式方法。

2）本课程实施课余学习的具体方式方法。

3）本课程实施课程思政教育的具体方式方法。

4）本课程有劳动教育内容时，采用的具体方式方法。

5）本课程对学习成果项目采用的具体方式方法。

6）本课程采用的其他方式方法。

十三、其他

有/无。

附件1：一级、二级思政点对应关系（图2-14、表2-7）。

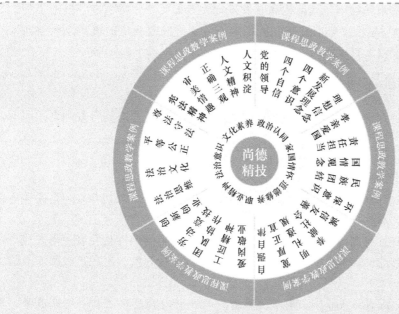

图 2-14　一级、二级思政点对应关系图

表 2-7　一级、二级思政点对应关系表

	一级思政点	二级思政点
尚德精技	政治认同	党的领导
		四个自信
		四个意识
		新发展理念
		理想信念
	家国情怀	孝亲爱国
		责任担当
		国情观念
		民族团结
		环保意识
	道德修养	诚信友善
		奉献社会
		明礼遵规
		宽厚正直
		自强自律
	职业精神	爱岗敬业
		工匠精神
		团队协作
		劳动竞技
		创新创业
	法治意识	宪法精神
		法治思维
		法治文化
		平等公正
		尊法守法
	文化素养	审美情趣
		正确三观
		人文精神
		人文积淀

各校有各校的专业课程标准，其结构和开发规则大致如此。该案例内容偏细了些，如表2-3课程教学内容及要求按2学时安排，就细碎了，要给教师一定的教案设计空间，毕竟教无定法，只要达成教学目标就行。

2.2.3 书证融通的课程标准开发方法

从图2-8所示的1+X书证融通框架可看出，课程标准的开发与前述内容既有相同的方面也有不同的方面，需要进一步研究。

1. 书证融通方法简介

（1）1+X书证融通的原则

1）遵循成果导向原则，有利于教与学。教学重点聚焦于"学习成果"，注重学生创新和实践能力的培养，有利于整体提高专业教育教学质量，培养复合型技术技能人才；X证书的多样性、可选择性及与专业的相似性，有利于促进学生的个性化发展；学习成果导向有利于师生教与学观念的转变；以学习成果为导向进行课程开发，有利于教师专业能力的提高。

2）遵循专业与X证书契合原则，有利于就业。X证书内容反映了学习者完成某一职业岗位（群）主要工作领域的单项工作任务和职业生涯发展所需的特定相关职业素养、知识和技能；某一专业所选择的X证书聚焦专业，对接毕业生主要工作岗位（群），能准确反映专业领域的"四新"要求，经学习培训后具有一技之长，以缩短毕业生适应岗位的时间，适应企业数字化转型升级对职工能力的新要求。

3）遵循教学规律，满足学生对证书的需求原则，有利于试点深化。职业技能等级标准分为初、中、高三个级别，但不意味着直接对应中、高、本院校。以高职教育为例，比较理想的证书通过率约为70%，其中初级10%，中级为50%，高级为10%。

（2）1+X书证融通的方法

1）1+X书证融通的流程及课程矩阵模板。该模板的作用是引导教师将专业课程与X证书内容进行融合。已经有了原专业的各门课程标准，新的课程及课程标准的开发并不困难，但需要进行研讨。书证融通的课程标准编制流程如图2-15所示。图2-16所示为1+X书证融通的课程矩阵模板。

2）新的专业课程需要进行学分配置，以平衡学习强度，如图2-17所示。书证融通的一项重要工作内容就是减少学生的学习强度，其工作抓手就是平衡专业学习的学分。在1+X证书制度试点的初期，"1"与"X"是分别进行教学与培训的，X证书的培训是让学生拥有一技之长，提升就业竞争力。作为专业建设而言，X证书发挥了对专业教学内容的补充、深化和拓展等功能。书证融通的目的是将专业教学内容中与X证书内容相关的部分进行整合，减少重复内容，节约学习培训时间，提升教学效率。

3）为方便开展教研活动，需要将书证融通后的课程关系进行对比，如图2-18所示。该项工作比较好做，根据模板要求进行梳理即可，并将结果列入1+X书证融通的人才培养方案之中。

2. 书证融通的课程标准编制

任务驱动、项目导向是2006年高等职业教育国家示范校建设期间提出的增强学生实践能力的教改工作要求。职业院校专业团队根据X标准要求并结合企业调研成果，经教

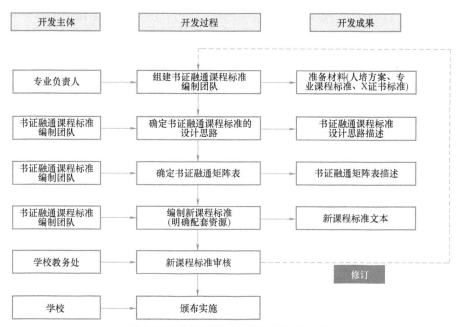

图 2-15 书证融通的课程标准编制流程

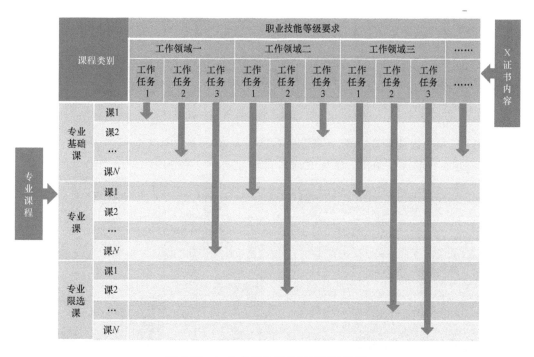

图 2-16 1+X 书证融通的课程矩阵模板

学化处理后梳理出适合培训、符合学生认知规律和学情的若干项目和任务。一门课程的项目不宜多,建议为(7±2)个;项目可以对应标准中的"工作领域",也可以把该工作领域中相关的"工作任务"梳理归类作为一个项目;项目中所含的"工作任务"可以对应 X 证书标准中的"工作任务"(视"工作任务"颗粒度大小和编排策略),亦可以把该"工作任务"中的"职业技能要求"梳理成一个个工作任务;最后经研讨后编制成新的课程标准。

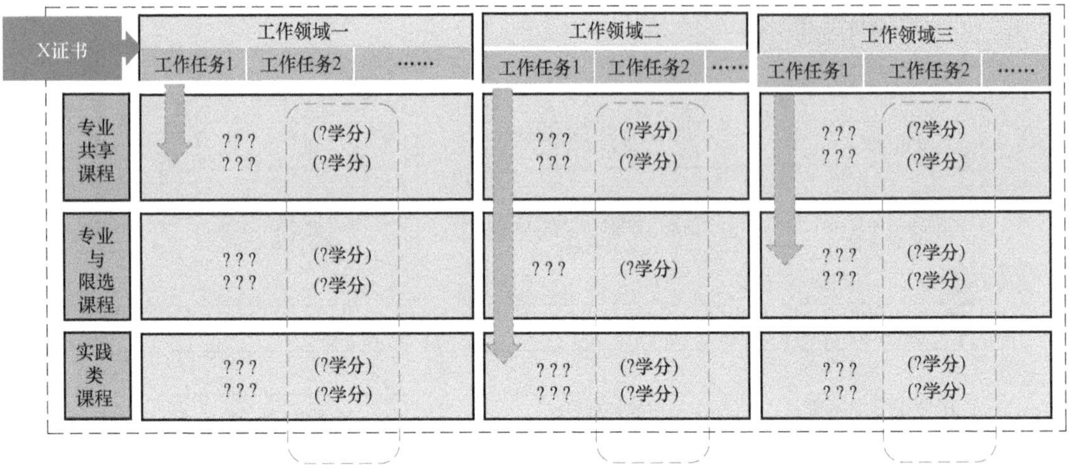

图 2-17　1+X 书证融通课程矩阵简表（考虑学分）

专业名称	×××专业				层次	中职/高职/本科	
二级学院	×××学院						
原课程名称	原定学分	证书内容			书证融通后课程名称	书证融通后学分	备注
		强化内容	补充内容	拓展内容			
课程1					新课程1		
课程2					新课程2		
…					…		
课程N					新课程N		

经加、减、融、删后，原课程数≠新课程数

图 2-18　书证融通后的课程关系对比

图 2-19 所示为无锡职业技术学院机械制造及自动化专业与工业机器人应用编程中级证书书证融通的专业课程结构。书证融通后课程标准中的部分内涵发生了变化。

	工业机器人机械系统	工业机器人操作与编程	工业机器人应用(各种场景)
专业基础课程	◎ 机械制图与零部件测绘Ⅰ(3学分) ◎ 机械制图与零部件测绘Ⅱ(4学分) ● 机械基础(4学分)	▲ 电工电子技术(3学分) ☒ 金属切削加工机床 ☒ 机械制图测绘 ☒ 机械设计课程设计	
专业课程	◎ 数字化设计基础(3学分) ▲ 机器人机械系统(3学分) ▲ 机器人机械系统训练(1学分)	◎液压与气动技术(3学分) ◎ 电气控制与PLC(3学分) ●▲ 工业机器人操作与编程(3学分)	◎自动夹具设计(4学分) ▲■ 工业机器人技能训练(2学分) ◎自动夹具课程设计(2学分)
专业限选课程		▲ 数控技术基础及应用(2学分) ▲ 气动系统的控制(2学分) ☒ 先进测量技术 ☒ NX运动仿真	●经济学类课程(精益生产)(3学分) ●■机械制造类专业创新项目综合训练(2学分)

注：◎ 表示迭代课程，● 表示整合课程，▲ 表示新增课程，■ 表示强化实训课程，☒ 表示删除课程。

图 2-19　高职机械制造及自动化专业与工业机器人应用编程中级证书书证融通的专业课程结构

书证融通的结果是整个专业的课程体系发生了变化，经过增加、删除、迭代与整合，除了被删除的课程外，与X证书相关的课程及其教学内容发生了变化，因而该课程标准需要重新梳理。对于某门课程而言，其课程标准的第八~十二部分可能会发生变化，如图 2-20 所示。

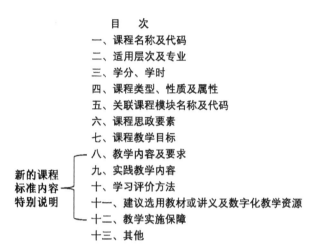

图 2-20　书证融通后课程标准中的部分内容发生了变化

2.3　课证融通与课程标准认证

《关于在院校实施"学历证书+若干职业技能等级证书"制度试点方案》提出："试点院校可以通过培训、评价使学生获得职业技能等级证书，也可探索将相关专业课程考试与职业技能等级考核统筹安排，同步考试（评价），获得学历证书相应学分和职业技能等级证书。"这是职业院校开展课证融通的工作依据。课证融通与书证融通都使职业院校和行业企业在 X 证书这一新型平台上实现了更高水平的校企合作。一方面是将新技术、新知识、新标准第一时间引入校园，使专业进一步对接产业、对接市场；另一方面是培训评价组织深度融入院校的人才培养，也使得校企合作育人有了更坚实的利益纽带。书证融通与课证融通有许多相同点，但课证融通有其特殊性，通过课程认证和相应的管理工作改革，将专业教学中的课程教学与 X 证书的培训及考核合一，这样可缩短整个专业的人才培养管理链条，节约教学时长，对培训评价组织、职业院校、专业师生都有好处。课证融通还有另外一层思考，目前部分 X 证书所用的标配培训装备需要投入数百万资金，这类"重型证书"因经费问题导致职业院校仅能购买几台装备用于培训，成班建制的学生上手机会不足；因装备台套限制，考证需要数天时间才能完成；故解构培训环节，经过适当的技术改造，将原有专业课程的实验/实训装备配套改造成与各"工作任务"吻合的培训装备，并融入各相关课程的教学中，减轻考证装备的使用压力，提升培训与考证的参与率，亦是课证融通的本意之一。

2.3.1　课证融通的原则

课证融通是一项教改工程，涉及学校专业教学部门、教学管理部门、培训评价组织等，因此需要确定如下工作原则：

1）遵循职教规律、坚持校企合作。1+X证书制度是"职教20条"推出的制度创新，通过这种新型的校企合作关系，育训结合，传授基础知识与培养专业能力并重，强化学生职业素养养成和专业技术技能积累，将专业精神、职业精神和工匠精神融入人才培养全过程。

2）坚持标准引领，确保科学规范。根据职业技能等级标准和专业教学标准，将证书培训内容有机融入专业人才培养方案，优化课程设置和教学内容，统筹教学组织实施，深化教学方式方法改革，提高人才培养的灵活性、适应性、针对性，培养复合型技术技能专业人才。

3）坚持遵循规律，体现培养特色。遵循职业教育、技术技能人才成长和学生身心发展规律，处理好专业课程和培训课程、理论教学与实践教学、学历证书与X证书之间的关系，整体设计教学活动。

4）坚持完善机制，推动持续改进。紧跟产业发展趋势和行业人才需求，紧贴专业教学标准更新和X证书标准迭代，构建由专业院系、培训评价组织和教学管理部门多方参与的专业人才培养方案动态调整机制，增强职业教育适应性，深入实施职业技能等级证书制度。

2.3.2 课证融通与课程标准的认证流程

1. 课程标准的认证流程

课程标准认证是1+X证书制度试点中专业教学质量保证的重要工作环节，主要涉及图2-21所示内容。从"组织课证融通团队"至"审核课证融通后的配套资源"都需要清晰的工作流程、相关文件、模板，为此需要建立课证融通认证工作制度。

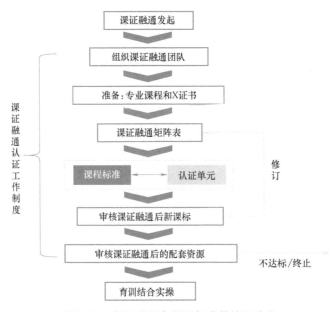

图2-21 课证融通与课程标准的认证流程

2. 课证融通认证工作制度

（1）课证融通认证通用标准 课证融通认证通用标准根据专业教学标准和X证书标准两方面要求制订。主要内容包括：教育培训目标、专业课程体系、课程标准、师资队伍、支持条件等。

1）教育培训目标。在本专业定位的人才培养目标基础上，结合选定的 X 证书对专业教育的深化、补充、拓展功能，完善人才培养目标；并定期根据专业教学标准和 X 证书标准的迭代结果进行专业人才培养目标的修订。整个教育培训目标的修订过程应有院校专家和培训评价组织专家参与。

2）专业课程体系。根据原有的专业课程体系和选定的 X 证书，参照图 2-12 所示的流程开展课证融通，形成新的专业课程体系。整个工作过程应有院校专家和培训评价组织专家参与。

3）课程标准。新的课程标准可参照本章"2.2.3 书证融通的课程标准开发方法"中的"书证融通的课程标准编制"方法进行编制。

4）师资队伍。教师具有足够的教学能力、专业水平、工程经验、沟通能力、职业发展能力，并且能够开展课证融通问题研究，参与同行交流；教师必须经过专门培训，达到所选 X 证书的高级水平，持证上岗；教师为学生提供指导、咨询、服务，明确他们在教学培训质量提升过程中的责任，不断改进工作。

5）支持条件。教室、实训场所及配套仪器设备在数量和功能上满足教学培训需要；有良好的管理、维护和更新机制，使得学生能够方便地使用；计算机、网络以及图书资料资源能够满足教学培训所需；教学培训经费有保证，总量能满足教学需要；学校的教学管理与服务规范，能有效地支持专业教学要求和考证要求。

（2）课证融通的认证单元 课证融通的前提是解构所选 X 证书的培训链，将其分解成若干"认证单元"，之后融入专业相关课程并形成新的课程标准。表 2-8 反映了认证单元的内涵。其中"培训成果"是指教学培训目标，该目标根据 X 证书的工作领域或工作任务的"颗粒度"大小予以确定，故有的可能就是一个完整的工作领域，有的可能只是一组工作任务；"评价标准"是指培训成果是否达成，该指标不但检验培训成果的质量，而且还有一个时间限制要求，它是对应于考证工作的实际要求。由于课证融通的复杂性，一个"认证单元"与专业课程对接的可能是一门课程，也可能是多门课程，但总有一门课程是完全"落地"的，故该课程称为"典型课程"，而其他课程则为"关联课程"。主导一个认证单元的内涵首先应由培训评价组织提出，然后与专业教师研讨和协商，最后再确定。

表 2-8 认证单元表

单元名称	××××××			课程所在专业	××××××
编码	×××××	证书名称	××××××	典型课程名称	××××××
等级	××	学分	××		
备注				典型课程编码	××××××
培训成果	评价标准				
根据指定的工作领域或工作任务组所要求形成的职业技能	在给定的时间内,根据工作要求,利用现场环境和培训条件,实现工作目标/完成工作任务			典型课程学分	××××××
				关联课程名称	××××××
开发机构	××××××			关联课程编码	××××××
开发日期	年/月/日	审核机构	××××××		
发布日期	年/月/日	终止日期	年/月/日	关联课程学分	××××××
备注					

就一个课证融通的专业而言，一定会有若干个认证单元，所以需要将所有认证单元进行汇总，见表 2-9。

表 2-9 认证单元汇总表

证书名称				证书等级		
颁证机构						
序号	认证单元编码		认证单元名称		认证单元学分	
认证单元总学分						

通过以上活动，课证融通后新的课程诞生了，表 2-10 为课证融通新课程汇总表。

表 2-10 课证融通新课程汇总表

专业名称				层次	
学校名称					
融通前课程	学分	证书认证单元	学分	融通后课程	融通后学分

在 1+X 证书制度试点工作中，实际的课证融通有多种形式，不胜枚举。有"一对一"的，即一个工作领域或一组工作任务与一门专业课程对接整合的；有"一对多"的，即一个工作领域或一组工作任务与几门专业课程对接整合的；有"多对多"的，即多个工作任务与多门专业课程对接整合的，案例如图 2-22 和图 2-23 所示。

融通后新课程	1.工业机器人参数设置			2.工业机器人系统编程			3.工业机器人系统离线编程与测试		
	任务1	任务2	任务3	任务1	任务2	任务3	任务1	任务2	任务3
运动控制系统安装调试与运行			●			●			
PLC控制系统的构建与运行			●			●			
机器人电气控制技术			●						
C语言程序设计基础					●				●
数控技术基础及应用			●						
气动系统的控制			●						
机器人视觉与传感技术			●	●					
工业机器人操作与编程	●	●	●		●	●			
工业机器人编程技能训练				●	●				
工业机器人离线编程与仿真训练			●				●	●	●
机器人机械系统			●						
机器人机械系统专项训练			●						
工业机器人系统集成	●	●	●	●	●	●			
自动生产线的集成与控制	●	●	●	●	●	●			
工业机器人综合实训	●	●	●	●	●	●	●	●	●

图 2-22 高职工业机器人技术专业与工业机器人应用编程职业技能中级证书融通示例

如图 2-22 所示，高职工业机器人技术专业与工业机器人应用编程职业技能中级证书融通过程中，在工作领域"1. 工业机器人参数设置"中的任务 3"外部设备参数配置"有两项职业技能要求："1.3.1 能够安装典型外部设备"和"1.3.2 能够设定外部典型设备机械电气参数"，其技能与知识与工业机器人技术专业的 13 门课程关联。这是典型的"一对多"，反映出工业机器人技术专业原有课程就有相关内容，但"外部设备参数配置"工作任务对这些课程的内容起到了深化或者补充的作用。

如图 2-23 所示，高职会计信息管理专业与财务数字化应用职业技能中级证书融通过程中，在工作领域"1. 财务数字化平台管控数据设置"中，有任务"1.1 财务组织体系设置""1.2 财务权限设置""1.3 财务参数设置"；在工作领域"2. 财务数字化平台财务业务管理"中，有任务"2.1 存货业务管理""2.2 智能商旅服务与费用管理""2.3 薪资业务管理""2.4 财务稽核管理"。这两个工作领域的 7 项工作任务与会计信息管理专业的"企业财务会计""会计信息系统应用"两门课程关联。这是典型的"多对多"，反映出会计信息管理专业原有课程就有相关内容，但这两个工作领域的 7 项工作任务对这两门课程的内容起到了深化或者补充的作用。

融通后新课程	工作领域/工作任务				
	财务数字化平台管控数据设置 3个任务	财务数字化平台财务业务管理 4个任务	税务云业务管理 3个任务	资金流动性管理 3个任务	管理报表编制 4个任务
企业财务会计	●	●		●	
会计信息系统应用	●	●			●
企业财务管理			●	●	
纳税实务			●		
管理会计实务					●

图 2-23 高职会计信息管理专业与财务数字化应用职业技能中级证书融通示例

因课证融通的认证要求所致，面对以上三种融通模式，不同的专业与不同的 X 证书在课证融通过程中会遇到许多挑战。但只要 X 证书的相关内容落地于对接专业则目标达成。随着试点工作的推进，将积累更多的经验和案例，通过一定范围内的交流活动，必将收获丰硕的成果。

（3）课证融通的认证工作文件　课证融通需要配套管理制度跟进，让参与课证融通的教师和专家依规操作。

1）解释类文件。介绍课证融通的工作流程和图表内涵。

2）工作类文件。主要涉及三个方面内容：一是课证融通的专家团队组成，专家的资质要求和能力要求；二是课证融通的方法，包括如何使用表 2-8～表 2-10 等；三是提出审核新课程标准和配套教学与培训条件的机构、具体指标及要求（尤其是在"一对多"和"多对多"情况下如何审定 X 证书内容真正落地。审核结论：融合度高、较高和待完善）。

3）工具类文件。针对课证融通各阶段的工作，设计系列用表，包括：①所选职业技能等级证书标准文本；②专业人才培养方案（专业课程体系和课程标准）；③与所选职业技能等级证书相关的硬件和软件配置表（含所需配套经费/整合现有资源方案）；④经审核通过的新的专业人才培养方案（新的专业课程体系和新的课程标准）。

4）课证融通后的学生学习管理制度文件等。

（4）课证融通的认证专家队伍

1）结构要求。参照《职业技能等级标准开发指南（试行）》，课证融通的"认证开发机构"成员应由专业负责人、专业骨干教师、X证书的培训评价组织委派的相关专家等组成。课证融通的"认证审核团队"应主要由职业院校教务处或质控部出面组织专家构成。

2）能力要求。课证融通认证团队和审核团队中各类专家应熟悉所选X证书标准内涵和专业教学标准，拥有课程开发技术并有相关的课程建设经历，交流、合作和协调能力较强。

3）资历要求。各类专家一般应具有15年以上相关工作经历，新兴行业技术人员、能工巧匠可适当放宽相关工作经历和年限要求；或者具有国家、行业或企业认可的高级以上专业技术职务或高级技师职业资格；或者具有参与相关行业企业标准建设和学校教学标准、课程标准、教材等建设的经验。

第3章
CHAPTER 3　职业教育教材的形态

职业教育的教材建设有其自身的规律和特点，这是由于职业教育作为不同于普通教育的一种类型教育所决定的。2019 年，教育部印发了《关于组织开展"十三五"职业教育国家规划教材建设工作的通知》，明确提出："突出职业教育的类型特点，统筹推进教师、教材、教法改革，深化产教融合、校企合作，推动校企'双元'合作开发教材。"如何在1+X 书证融通情况下开展职业教育教材建设，有许多问题需要研究与实践。教育部印发的《职业院校教材管理办法》（以下简称办法）从规划、编写、审核、选用等环节和信息化背景下提出了教材应体现职业教育特色，强化产教融合、校企合作于教材开发的全过程，为培养技术技能人才提供有力支撑，着力于增强教材的实用性和服务国家产业高质量发展的能力等要求。

《关于推动现代职业教育高质量发展的意见》提出："职业学校要主动吸纳行业龙头企业深度参与职业教育专业规划、课程设置、教材开发……强化教材建设国家事权，分层规划，完善职业教育教材的编写、审核、选用、使用、更新、评价监管机制。引导地方、行业和学校按规定建设地方特色教材、行业适用教材、校本专业教材。"

3.1　职业教育教材的形态变化

职业教育教材的形态变化主要发生在改革开放的 40 年间，尤其是高职示范校建设期间，由于信息技术的高速发展+示范校建设中的共享型专业教学资源库建设项目，加速了其形态的变化，形成了一批典型案例，职业教育教材研究专家为此也做出了很大贡献。

教材的形态包含内形态和外形态，如图 3-1 所示。内形态是教材内容的表征形式，对应教材的内容从哪里来，按照什么样的逻辑与方式进行结构组织、呈现。外形态是教材作为一种产品的存在方式（如纸质教材、数字教材等）。作者根据其形态的功能和发展变化与同行进行研讨，分析并预判其发展轨迹。

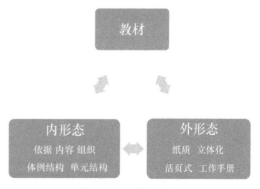

图 3-1　教材的形态

3.1.1　国家高职示范校建设的启动

《教育部 财政部关于实施国家示范性高等职业院校建设计划 加快高等职业教育改革与发展的意见》（教高〔2006〕14 号）（以下简称示范校文件）提出了高职教育教材建设

的相关要求。

"示范校文件"提出了具体任务："支持100所高水平示范院校建设……建成4000门左右的优质专业核心课程，1500种特色教材和教学课件……围绕国家重点支持发展的产业领域，研制并推广共享型教学资源库，为学生自主学习提供优质服务；运用现代信息手段，搭建公共服务平台，为共享优质教学资源提供技术支撑。"

"示范校文件"提出了推进教学建设和教学改革。"坚持育人为本、德育为先，突出职业道德教育，促进学生健康成才；改进人才培养方案，创新人才培养模式，探索职业岗位要求与专业教学计划有机结合的途径和方式；根据高技能人才培养的实际需要，改革课程教学内容、教学方法、教学手段和评价方式，建成一大批体现岗位技能要求、促进学生实践操作能力培养的优质核心课程；统筹规划和建设紧密结合生产实际，具有高职特色的教材体系，规范教材评价选用机制，确保高质量教材进课堂。"

"示范校文件"提出了创建共享型专业教学资源库。"对需求量大、覆盖面广的专业，中央财政安排经费支持研制共享型专业教学资源库，主要内容包括专业教学目标与标准、精品课程体系、教学内容、实验实训、教学指导、学习评价等要素，以规范专业教学基本要求，共享优质教学资源；针对职业岗位要求，强化就业能力培养，为实施"双证书"制度构建专业认证体系；开放教学资源环境，满足学生自主学习需要，为高技能人才的培养和构建终身学习体系搭建公共平台。"

国家示范性高等职业院校建设项目和后续的国家骨干高职院校建设项目均涉及教材建设。在项目建设过程中，高等教育出版社一方面带头开发信息平台，将资源库建设中形成的数字化资源上传；另一方面配套专业教学资源库项目开发教材。至此，互联网+传统纸质教材的新型"立体化"教材开始大面积问世，拉开了大规模改变职业教育教材形态的序幕。

3.1.2 国家专业教学资源库建设的推动

高职专业教学资源库建设源于2007年在北京香山召开的国家示范校建设项目推进会，2010年正式列入教育部专项计划之中。根据《国家级职业教育专业教学资源库建设与应用分析报告（2016）》的研究成果，对专业教学资源库给出定义——由职业院校牵头，行业企业共同参与，以职业教育专业为依托，利用现代信息技术，通过共建共享集合全国优质教学资源，满足职业院校师生、企业员工和社会学习者"能学辅教"需求的在线教学和学习系统。

《关于开展高等职业教育专业教学资源库2010年度项目申报工作的通知》（教高司函〔2010〕129号）（以下简称资源库文件）要求："围绕国家重点支持发展的产业领域，研制并推广共享型专业教学资源库，通过网络信息技术，实现优质教学资源共享，为教师教学、学生和社会学习者自主学习服务，最终带动相关专业领域的教学资源开发，推动专业教学改革，提高专业人才培养质量，提升高职教育专业的社会服务能力。"

"资源库文件"关于专业教学资源建设与集成的原则："按照共建共享、边建边用的原则，依据企业人才需求确定高职教育专业人才培养目标，系统设计专业课程体系，以企业技术应用为重点，建设涵盖教学设计、教学实施、教学评价的数字化专业教学资源，包括专业介绍、人才培养方案，教学环境、网络课程、培训项目，以及测评系统等内容。"

"资源库文件"指出,专业教学资源建设与集成的核心是资源素材,主要有:

1)职业标准、技术标准、业务流程、作业规范、教学文件等文本;

2)企业生产工具、生产对象、生产场景、校内教学条件等图片;

3)企业生产过程、学生实训、课堂教学等音视频;

4)工作原理、工作过程、内部结构等动画;

5)虚拟企业、虚拟场景、虚拟设备以及虚拟实训项目等;

6)企业案例、企业网站链接等;

7)数字化教材、教学课件等;

8)习题库、试题库等。

"资源库文件"要求体现共性特点与个性需求相结合,针对专业相关技术应用及职业岗位要求,建设普适性的专业教学资源,通过拓展模块兼顾不同区域和院校特点,不断丰富发展。根据专业教学资源内容、形式、标准、所需存储空间等特点,遵循通用的网络教育技术标准,通过网络开发和数据库技术,将专业教学资源集成为资源库。专业教学资源库要求架构合理,安全可靠,具有先进性、实用性、开放性、通用性、标准化等特点。

教育部《关于确定高等职业教育专业教学资源库2010年度立项建设项目的通知》(教高函〔2010〕9号)批准了首批专业教学资源库建设项目,见表3-1。

表3-1 高等职业教育专业教学资源库2010年度立项建设项目名单

项目编号	项目名称	主持单位
2010-01	高等职业教育数控技术专业教学资源库建设	无锡职业技术学院
2010-02	高等职业教育汽车检测与维修专业教学资源库建设	邢台职业技术学院
2010-03	高等职业教育道路与桥梁工程技术专业教学资源库建设	辽宁省交通高等专科学校
2010-04	高等职业教育模具设计与制造专业教学资源库建设	成都航空职业技术学院
2010-05	高等职业教育建筑工程技术专业教学资源库建设	四川建筑职业技术学院
2010-06	高等职业教育应用化工技术专业教学资源库建设	承德石油高等专科学校
2010-07	高等职业教育物流管理专业教学资源库建设	宁波职业技术学院
2010-08	高等职业教育会计专业教学资源库建设	山西财政税务专科学校 山东商业职业技术学院
2010-09	高等职业教育护理专业教学资源库建设	上海医药高等专科学校
2010-10	高等职业教育眼视光技术专业教学资源库建设	天津职业大学

首批10个专业教学资源库建设项目拉动了立体化教材开发,每个专业教学资源库项目均有8~10部立体化教材需要开发,进而培养了一大批开发立体化教材的骨干教师,为教材形态的发展变化形成了实践在前、探索在先的改革创新局面。

立体化教材充分发掘了传统教材的长处和信息技术的特点,让有限的教材内容得到了延伸,突破了纸质教材的局限性,作为传统教材的创新,保持了教材的系统性、科学性、严肃性。同时,将相关的信息技术资源体现在教材相应的章节中,不仅方便了教师的教学活动,还为学生的自学查阅提供了便利。资源形态表现了共享、优质、互联与跨界的特点。

从资源的有效利用方面，学习者通过手机可以随时随地获取学习资源与课程教学；在资源的内容性方面，通过学校骨干教师、合作企业与出版社以及课程教材专家共同协商、合作，将优质教材资源内容碎片化与重构，使不同的教材资源相互关联，提升资源的针对性与有效性。这种跨媒型教材资源不仅改变了学与教的方式，也提升了资源的更新率，折射出了整个职业教育资源建设理念的升级。立体化教材资源的价值取向考虑了学习者自主学习的需要，使教师根据教学方案的设计，不断地开发新的教学资源，同时也改善了教材与教学、学习的内在关系，最终通过教材资源建设来推动教育教学方式的升级与转型。

3.1.3 国家精品在线开放课程的拉动

根据教育部《关于加强高等学校在线开放课程建设应用与管理的意见》（教高〔2015〕3号）精神，经过两年建设应用，高校慕课有了一定积淀。根据《教育部办公厅关于开展2017年国家精品在线开放课程认定工作的通知》（教高厅函〔2017〕40号）精神，各省市教育行政部门开始推荐高职院校近几年来开发建设并应用了至少有两个循环以上的大规模在线开放课程（慕课），参加2017年及以后的国家精品在线开放课程认定。

慕课是以学习者在任何时间和地点进行学习为核心理念，以规模化、网络化、开放性为特点，是为解决教育的公平性、共享性和终身性等问题的一种教育创新。慕课的知识传播模式和学习方式带来了教育观念、教育体制与机制、教学方式、教学过程、教学资源建设等方面的深刻变化，其教材建设的基本特征如下：

1）在教材内容上反映技术进步和适切性特性。教材是职业教育与经济社会发展结合最为紧密的教育。在"互联网+"等背景下，企业转型升级对职业院校毕业生就业岗位的工作任务提出了新要求，生产、管理、建设和服务等一线工作中的新技术、新工艺、新规范、新要求等亟待融入课程内容。教材建设在及时反映这方面内容的同时，其内容的归纳、组合、排序等要综合考虑大众化和普及化阶段职业院校学生及社会学习者的学习基础和学习规律，使学习者能比较顺利地完成慕课学习。

2）在与教材配套的教学资源上凸显精品和特色的特性。慕课开发主持者首先需要汇聚现有的精品和特色课程资源，并通过慕课建设促进新的精品和特色课程资源涌现。相关的部、省、市、校教学成果奖，各类技能大赛、创新大赛、教学课件信息化比赛、源自企业或服务企业的案例、源自国际交流与合作的课程资源等都是慕课采集的内容。其次，不同地区、规模和行业背景的职业院校有着不同的特色，尤其是在国家示范和骨干校建设期间，重点专业所形成的有竞争力的专业特色课程资源，使之能真正为不同职业院校的学生乃至社会公众所分享。

3）慕课团队具有名师挂帅和企业专家合作机制做保障的特性。慕课教学的特点之一就是名师执教、团队协同；在专业课程领域，企业专家也是团队成员。慕课建设是一项长期工作，需要持续培育课程教学团队。慕课的教学资源的制作、课程内容和教学资源的更新，都需要由不同的专业人员、课程团队付出艰辛而持续的努力。推动高职慕课发展的核心是教师，而慕课产业竞争成败的关键因素依然是人才。因此，职业院校在慕课建设工作中要始终关注校企合作、课程与教材团队建设，配套出台相关建设、运行、激励制度，构建慕课建设和应用的长效机制。

与慕课配套的教材实质上仍归属于立体化教材，但其开放性更强，目前相关的教材建设理论研究比较缺乏，需要开展适宜性、有效性研究。在职业教育的公共课程、专业基础课程、专业课程、理实一体化课程、实践类课程等方面需要开展适切性研究。针对职业教育特点，其配套的教学模式在哪些方面可借鉴本科教学，哪些方面有其独特性，需要开展与专业教学资源库等课程的配套教材异同的研究，需要研究其合理与不合理之处。职业教育慕课配套教材开发中的问题、成因及改进路径需要研究，相关问题的研究有助于职业教育慕课的发展。结合职业教育专业教学资源库项目开发精品慕课。与慕课所具有的功能相比，专业教学资源库的优势在于其课程的系统性，短板在于其平台功能、教学组织与管理功能的不足。根据最近的发展区理论，结合职业教育专业教学资源库项目开发精品慕课则事半功倍。

3.2 职业教育教材的外形态

教材形态是教材作为一种教学中介的表征形式，可分为教材的外形态与内形态。教材的外形态即教材作为一种产品的存在方式，如数字教材、纸质教材等。

3.2.1 职业教育教材外形态的功能

职业教育教材的外形态主要有传统纸质教材（教材内页上没有诸如二维码的图案）、立体化教材（国家高职示范校建设期间赋名，具有"互联网+职业教育"的特征）、活页式教材（通过夹持机构方便增加或去除纸质页面）、工作手册式教材（学习对象特定，工作流程清晰）、模块化教材（单行本/数个单行本合订/成套合装单行本）、数字化教材（网上呈现）等。

建设于 2010 年的国家职业教育专业教学资源库项目，有效地支撑了专业课程的教学需求，职业教育教材市场上"互联网+职业教育"的立体化教材占据了主体地位。随着教材事业的发展与变革，活页式教材、工作手册式教材、模块化教材等都在立体化教材的模式上开展创新，即"云上资源+纸质教材"模式，不同的是教材的内容及其结构与呈现方式等，以满足不同职业教育专业教学的需要。

立体化教材源于《关于实施国家示范性高等职业院校建设计划加快高等职业教育改革与发展的意见》提出的"研制并推广共享型教学资源库……对需求量大、覆盖面广的专业，中央财政安排经费支持研制共享型专业教学资源库"和教育部《关于全面提高高等职业教育教学质量的若干意见》提出的"重视优质教学资源和网络信息资源的利用，把现代信息技术作为提高教学质量的重要手段，不断推进教学资源的共建共享，提高优质教学资源的使用效率，扩大受益面"。自 2010 年专业教学资源库项目启动以来，经过 10 年的建设和应用，已建成 112 个国家级专业教学资源库（含 11 个民族文化传承与创新资源子库），目前还有 91 个在建项目。与专业教学资源库配套建设的一大批立体化教材，对比传统的纸质教材，基于互联网场景，将基于课堂学习与"课程资源平台"结合起来，通过扫描教材中的二维码就能链接平台资源，实现了优质资源分享和新技术、新工艺、新规范的及时更新，创新了教学资源的供给方式并实现了教学模式的变革。

从新一代信息技术视角分析，活页式教材具有快速迭代教材内容和开放性的功能，而工作手册式教材更适合于流程性和规范性强的培训项目。立体化教材、活页式教材和工作手册式教材应根据不同专业和 X 证书的具体情况，为适应项目学习、案例学习、模块化学习等不同学习方式要求，并遵循技术技能人才成长规律和学生认知特点有选择地开发与使用。

模块化教材与模块化教学相适应，有其独特的要求，与传统的篇章结构有很大程度的不同。模块化教材配套于专业方向课程、专业拓展课程、单项/专项技能训练课程等，各模块联系不紧密，能独立成为一个教学单元。模块化教材由于以素质和能力为划分模块的依据，必然会造成知识结构不完整和不系统，需要在内容设计上为学生今后的教育和持续学习创造接口和条件。

3.2.2 职业教育教材的几种外形态

职业教育教材的外形态可与数码印刷的常见装订方式联系起来。装订是指将印好的书页加工成册，包括订和装两大工序。订是将书页订成本，是书芯的加工；装是书籍封面的加工，就是装帧。

装订的类型分为平装：骑马订、平订、锁线订、无线胶装、穿线胶装、活页装订、线圈装订（塑环、铁环、单线圈）；精装：圆背精装、方背精装、软面精装。简述如下：

1）无线胶装。特征：折页后上胶装订，用书本热熔胶来黏合书芯，不用书钉不用线。适用：通常性文件，标书，材料，教材等。在教材市场上此类装订形式最多。

2）骑马订。特征：骑马订是页数不多的书本常用的装订方式。其方便快捷，易于翻看且经济实惠。适用：画册、图册、杂志、期刊、宣传册、产品说明书、简介、个人资料、商务用书等。

3）锁线订。特征：用线将各页穿在一起，然后用胶水将印品的各页固定在书脊上的一种装订方式。用胶粘书芯的同时加上线固定，翻开书时可以完全展现书的内容。适用：精装书。

4）塑环/铁环装订。特征：将书册折页后打孔，按页排序后穿环装订成册。其结实耐用，可 180°或 360°翻转、平翻，方便替换页面。适用：训练材料、会议材料、个人简历、商务用书，台历、挂历等。

5）蝴蝶对裱精装。特征：内页每张都能 180°翻开翻阅，在书籍装帧中是十分高级的一种方式，漂亮、精密，图文整幅画面完好。适用：高档相册、画册、图册。

6）盒子式精装。特征：一种由精装内芯和盒子式封面组合而成的产品。精致的外盒大大地提升了产品的价值。适用：具有保藏价值的图文画册、重要文件。

7）铜钉精装。特征：书芯运用铜钉衔接。铜钉精装运用规模广、种类多，换页便利。适用：菜单、酒水单、材料档案、图册、相册。

8）精装文件夹。特征：内页选用活页打孔圈装。其换页便利，封面能够再利用。适用：常常替换内容的文件、描绘文件。

9）维乐装。特征：是一种针式口条装订。其替换材料便利，能够再利用，制造成本低。适用：较薄的训练材料、合同协议、文件材料、会议材料、毕业论文等。

10）拉杆夹装。特征：简洁，便利，成本低。适用：合同协议、文件材料、会议材料、毕业论文、训练材料。

3.3 职业教育教材的内形态

教材的内形态是其内容表征形式，如教材开发的依据、教材内容，及这些内容的组织逻辑、方式和呈现等。从教材的本质特征来看，内形态是教材形态变革的重点，因为其关乎教材的三个重要因素——依据、内容及其组织逻辑，反映了教材编写者的全局观、知识观、教学观、学习观，是决定教材质量的关键。所以职业教育教材形态的变革应该落在这三要素上。

3.3.1 职业教育教材内容的依据

职业教育教材至今没有解决好的一个难题是课程标准问题。我国职业教育标准体系构建主要起始于 21 世纪，专业目录、专业教学标准等相继出台，但课程标准主要停留在部分院校的专业人才培养方案和课程模块库层面上，除了少数"国标"课程，距离国家层面的职业教育课程标准建设任重而道远。就是国内十大出版社出版的职业教育教材也是通过揣摩专业教学标准中主干课程的简介后，组织力量进行教材编撰。在百花齐放的校本课程标准下，课程研究专家与部分骨干教师逐步梳理出了课程标准的几种开发方法或者说是几种流派，有些学者正在酝酿研制职业教育的"课程标准开发手册"。

辽宁教育研究院高鸿教授认为：以标准为导向，保障职业院校教材建设的规范性。职业院校教材建设的标准导向有两个层面的含义。一是教材建设范式的标准导向，即从内容上要有价值性、科学性和先进性；从设计上要有逻辑性、实用性和多样性；从制作上要有规范性和艺术性；从应用上要有便利性、广泛性和适用性；从特色上要有专业性、学术性和思想性。二是教材内容的标准导向，即职业院校的教材内容应以专业教学标准和课程标准为依据，覆盖专业教学标准和课程标准等教育标准所要求的所有知识和技能，从而确保教材达到基本统一的水平，并降低区域、校际、专业及教师个人等因素对教学质量的影响，保障教学效果与标准之间的一致性，确保教育教学质量。《全国大中小学教材建设规划（2019—2022 年）》中已明确提出职业院校教材的编修要以标准为导向，为职业院校教材的建设确定了基本方向。

开发课程标准需要解决好开发思路和开发原则问题，如术语界定，涉及课程与教学、课程标准、课程目标、工作任务、职业能力、知识与技能等；开发理念，涉及校企双元开发、规范开发、服务学生开发等；课程标准开发技术，涉及开发程序、开发方法，包括组建开发团队、确立课程性质与设计思路、确立课程目标、确立课程内容与要求、说明实施建议、编制课程标准文本等。对于基础课程和专业课程的具体要求亦有不同。脱离课程标准谈教材的内容及其组织容易造成只见树木、不见森林的尴尬局面。没有课程目标，配套的职业教育教材界定本教材涵盖的工作领域、工作任务、技能与知识要求等都是各自为政的，缺乏本教材内容与所在专业课程体系和关联课程的总体把握。现状和过渡办法是将名校名专业的课程标准做适当处理后作为重要参考和职业教育教材编撰的依据。

3.3.2 职业教育教材的内容

教材形态的变革受诸多因素的影响，但是最为根本的因素乃是教材使用者对知识学习的需求。从职业教育学习者的角度来看，学习需求主要包括以下三个方面的内容。首先是学习什么样的知识。职业教育课程与教材紧密相关，教材反映了相关课程的技术技能理论知识，通过技术技能理论知识了解岗位工作过程的基本原理和机制，以适应所在时间断面的工作情境与内容；同时学习与工作岗位（群）相关的实践知识，学会用这些规则性的实践知识来指导完成岗位工作任务。其次是这些知识与什么样的学习情境关联。职业教育教材内容需要与相关的实验实训软件与硬件及环境关联，搭建出相关的学习培训情境。最后是通过学习如何举一反三，"学会学习"，形成学习能力，帮助学习者获得可持续发展的内在机制，这也是创新意识培养如何渗透到教材之中，设置载体的重要内容。职业教育教材在不同程度地为这三方面内容的学习发挥作用。

3.3.3　职业教育教材内容的组织

职业教育所面向的产业发展日新月异，技术、工艺与规范的更新速度较快，且这三类知识的属性各异，关系复杂。在这种情况下，我们究竟应该甄选哪些知识进入有限的教材内容之中，技术实践知识和关于学习的知识应该以何种方式在教材中呈现，技术理论知识和技术实践知识应该以何种逻辑组织，这些知识如何为学习者职业能力的形成奠基，如何启发学习者在教材以外的空间内获得更多的知识，培养复杂的职业能力，这些问题正是当前职业教育教材改革最需要关注的。从诸多关于职业院校教材建设的研究结果中可以看出，职业教育教材低水平重复建设的问题较为突出，而导致低水平建设的原因就在于对教材建设背后的知识论问题思考不够，没有深究教材的作用机制及其价值内核。所以，未来职业教育教材形态变革乃至教材建设的整体推进，必须要解决以下两个基本问题：一是定位教材在学生学习过程中的角色和功能，明确教材在知识学习和能力培养过程中的地位；二是明确教材选择的内容及其组织逻辑，确保教材的育人价值能够得到落实，以及教材拥有知识更新的内在机制。

3.4　职业教育的立体化教材

互联网技术和5G技术的应用促进了教育技术的全面升级。随着网络化、信息化教学的发展与应用，在线开放课程、混合式教学、移动学习等在线教育模式蓬勃发展。教学模式的改革拉动了教学资源的升级改造。教材作为重要的教学资源，也处在升级改革的热潮之中。在此背景下，为能更好地服务职业教育教学需要，关注教学内容与技术整合，资源更加多元化的立体化教材应运而生。立体化教材由多方面的内容和形式组成，能够促进教学水平的提升。对于适应信息时代教学模式，立体化教材无论是教材内容还是教材功能等都更具优势，十多年来的职业教育教学实践也证明了这一点。

3.4.1　什么是立体化教材

"立体化教材"起源于西方教育行业，又被称为"一体化"教材或"多元化"教材。我国对于立体化教材的研究兴起于21世纪初。2003年4月教育部启动了高等学校教学质量与教学改革工程精品课程建设工作，提出建设立体化教材。同年，高等教育出版社启动了"教学资源立体化建设计划"，包括立体化教学包建设、重点课程教学资源库建设和学科网站建设等。后续的高等职业教育示范校建设项目亦跟进了立体化教材建设。教育部政策的引导和高等教育出版社的示范与推动作用极大地促进了立体化教材的探索与实践。立体化教材建设由当时的"摸着石头过河",从成功的喜悦与挫折中逐步走来。近年来,因为立体化教材逐步适应了教学方法、教学模式改革的新潮流和新趋势,受到了越来越多的重视,在高职教育界基本上形成了教材编撰和出版的主流。

虽然我国立体化教材已经历了十多年的探索与实践,但是目前学术界尚未对此有个一致的定义。从媒体所见的立体化教材定义主要涉及内在和外在属性、功能应用、结构形态等层面。关于立体化教材的定义,比较集中的口径是以传统纸质教材为基础,借助现代信息技术,通过整合多媒体、多形态、多作用、多层次的教学资源,上挂下联组成职业教育课程的整体教学解决方案。立体化教材仍以纸质印刷教材为基础,纸质教材作为重要的教学载体,设计了与"云端"的链接接口,以信息技术搭载多种教学资源,形成拥有多种教学资源的综合体,使得教材变得"立体"。

3.4.2 立体化教材的组成要素

立体化教材建设不是一件孤立的事件,它的发生发展关联了诸多要素,主要涉及以下几个方面。

(1)贯彻能力主线开发立体化教材 在"互联网 + 职业教育"背景下,教育更加强调对学生的基本学习要求、自主学习能力、创新能力、探索能力等综合素养的培养。立体化教材承载着传授知识和技能的功能,需要考虑如何激发学生学习的主动性和创造性。因此,立体化教材的顶层设计区别于传统教材,具有更高的要求,除了课程标准涉及的教学内容的编排,还要考虑各种多媒体资源的整合与呈现,考虑如何利用丰富的教学资源、先进的信息技术,帮助学生掌握理论知识和实践知识,其中进行体系化的顶层设计是关键。根据建构主义理论,所有教学手段和教学资源都是为了帮助学生自主进行知识的建构。而立体化教材的设计目的之一是将知识点的呈现进行优化,将资源进行优化整合,以促进学生更好地掌握知识。立体化教材需要为实现一定教学目标的系统化而设计,这不仅要考虑教学目标的层次化、教学对象的个性化,还要考虑知识呈现形式的多元化、辅助技术的恰当化。立体化教材是整个教学系统中的一个重要分支,是基于对该课程相关的职业能力清单中的知识、技能的科学合理编排,利用多媒体资源的教学效果的增值,利用信息技术优势的线上线下的教学相长。

(2)线上线下资源的整合 立体化教材是信息化时代教材出版与编辑创新的产物,其"立体"主要体现在教学资源的综合呈现上。立体化教材当前涉及的主要资源形式、特点及运用见表 3-2。

由表 3-2 可以看出,立体化教材的资源形式丰富多样,包括图、文、声、像等,如何将多元化的教学资源整合到知识点/技能点的呈现、讲述和演示上,需要进行有针对性的设计。拿机械传动来说,传统纸质教材是无法呈现机械结构之间的配合和运动过程的,就是在实训现场,因实物的局限也难以让众多学习者清晰地观看机构内部的运转动作,而通过动画展示则可以使学生更直观地观察和理解所学内容。对于一个教学单元或者知识点/技能点,我们可以选择案例引入,可以使用音、视频加强理解,可以利用教师的课件帮助记忆与梳理,可以通过习题、测验巩固所学内容,还可以提供拓展资源供学有余的

表 3-2 立体化教材资源形式、特点及运用

序号	资源形式	特点	服务学习者对资源的需求	服务教师对资源的需求
1	纸质教材	依据课程标准编撰（职业能力清单）	学习的重要参考	教学的重要参考
2	电子文档	以知识点及框架梳理为主，教学内容的形象化展现	依托计算机系统存取并在通信网络上传输和利用	依托计算机系统存取并在通信网络上传输和利用
3	音频	加强听觉刺激	引导和提升学习兴趣	利用和创建资源，备课与教学
4	视频	重点和难点知识/工作流程等讲解/呈现	结合动画等信息技术手段提升学习效果	利用和创建资源，备课与教学
5	动画	较难原理性描述和复杂结构展现	化解学习难点	利用和创建资源，备课与教学
6	AR 等新技术资源	直观获取，增强体验感和浸润感	化解学习难点，增强体验感和浸润感	利用和创建资源，备课与教学
7	典型案例	主题突出的列举及分析	加深与拓展学习内容	备课与教学
8	拓展阅读与训练	讲解与课程有关的拓展知识（包括创新意识培养内容）	加深与拓展学习内容，创新活动载体	指导学习者学习与培训
9	课后作业	多种题型帮助知识点巩固	巩固学习内容	引导学习者学习与培训
10	测验（题库）	对所学内容的阶段性测试	检测习得成果	检测教学效果手段

学生深入学习。这些都需要教师优化设计教案，以帮助学生完成学习任务，达成学习目标。教学资源的整合不是单纯的作用叠加，而是所有媒介互相影响、互相转化，取长补短的一个过程。对于资源的选用，也不是越多越好，因为过多资源的堆砌会使学生眼花缭乱，甚至破坏学习的连贯性。教师的教学成效一方面借助了信息化手段，另一方面也是教师自身"双师"水平和长期教学经验积累所致。因为随着教育普及化水平的提升，学情是教育教学的重要影响因素，需要根据学生认知水平、接受程度进行合理化设计，创建与迭代相关的教与学资源。

（3）多种技术的融合与应用 信息技术的发展为教学活动组织、教学内容选择提供了更多的可能，而立体化教材带来的不仅仅是教材结构和形式的变革，也满足了新的教学模式要求和学生自主化学习的需求。立体化教材通过与教育教学技术和信息技术的融合，借助数字化教育资源，实现了教学内容的有效拓展、知识点/技能点的直观展现，这有助于学生对于重点、难点的理解，可以有效提升教学效果。目前使用较为普遍的二维码技术，将配套的教学资源放在网络上，而在纸质教材上则以二维码的形式出现，在重要知识点/技能点下方印刷二维码，学生可用移动端扫描，随时随地进行学习。二维码技术的应用，极大地促进了资源获取的便捷性。此外，还可依靠学习 APP 搭载学习资源包，学生可以在相应章节获得扩展资源。这一类资源呈现使教与学的资源更加系统化，学生可以获得更好的交互学习体验。在技术层面，AR、AI 等新技术（当然也是需要较大投入，不是每部教材都能大面积实现的）也被应用于立体化教材建设。还有网络学习平台，也是目前立体化教材资源的常用载体。利用新技术可以塑造教材的新形态与新特征，切实为信息化教学服务，带动教育现代化的发展。当然信息技术与教材的融合，并不代表开发与使用

的无节制性，这里涉及投入成本（含资金和人力资源），需要针对教学的需要进行恰当选用，盲目地追求技术的先进性一则不利于教与学的开展（对支撑装备的高要求），二则造成成本的增加、资源的浪费。

（4）立体化教材开发的成本关联模式　在我们探讨如何推进立体化教材改革发展的同时，还应关注一个重大课题——市场这只无形的手的作用问题。如果立体化教材开发与运营处于亏损状态，则这种教材是走不远的，所以关于立体化教材的开发成本或盈利模式浮出了水面。目前可以观察到的立体化教材开发涉及如下几种模式。

1）出版社与职业院校合作开发立体化教材模式。如果教材的发行量达到 3000 册以上，则作为出版商而言，就不会亏本了，这是出版商的普遍共识。

2）出版社、职业院校和网络教学平台三家合作开发立体化教材模式（有的大型出版社自建网络教学平台）。由于网络教学平台可利用大型公开课的形式来扩大品牌影响力，所以这类企业有平台投入的积极性。由于有平台技术的支持，基于互联网技术可随时随地组织实时课堂教学，能提高培训效率；平台能提供文字及语音等多种方式进行课堂内的师生互动，提高了学生的学习积极性；在线考试等相关功能可让教师及时了解学生对所学内容的掌握程度，有利于提高学生的学习成绩。虽有上述优势，但三家合作模式是否成功，取决于有经济实力企业的先期投入和学习者的响应。如果学习者低于 4000 人，有可能造成网络教学平台亏本运营，这是有先例的。核心问题还是学习内容是否真正受到学习者的欢迎，否则也就意味着此路走不长，缺乏长效运行机制做保障。

3）出版社、职业院校、网络教学平台和社会受欢迎的证书培训机构四家合作开发立体化教材模式。这种模式与前两种模式相比，关键是证书培训机构所开展的培训内容会使学习者受益。目前这类证书不少，如全国导游证书、英语四、六级水平证书、世界 500 强企业培训证书等。这些证书培训相对于教材和平台而言属增值服务内容，在市场需求与增值服务项目及策略的结合上，市场这只手正在发挥着积极的作用。

职业院校教材建设对技术技能人才培养质量和水平起着决定性作用。教材建设的质量和水平在某种程度上是影响教育教学质量和水平的关键性因素，也是技术技能人才培养质量的必要保障条件。同时，教材建设质量也是现代职业教育体系整体质量和水平的标志性反映。建立并完善全流程产教融合、校企合作的教材建设长效机制，将是提高职业院校教材建设质量的根本保障。立体化教材的生命力在于创新，这种创新基于新技术的支持和市场的呼唤，能捕捉到这种信息并实现综合创新，是教材改革发展的重要课题。

3.5　职业教育的活页式教材

活页式教材是职业教育教材形态变革及教材建设的热词，其内涵与立体化教材有诸多相似之处，如在教材内容的选择、组织和呈现等的思路与方式方面，但也有其自身特点。从职业教育教材形态变革乃至教材建设的整体推进上看，必须要解决以下三个基本问题：一是定位教材在学生学习过程中的角色和功能，明确教材在知识学习和能力培养过程中的地位；二是明确教材选择的内容及其组织逻辑，确保教材的育人价值能够得到落实；三是从跟跑新一代信息技术和产业转型升级视角分析，活页式教材开发建设必须拥有知识更新的内在机制，教材内容应具有快速迭代和开放性功能。

3.5.1 什么是活页式教材

回顾改革开放四十多年来职业教育的发展，对活页式教材的认识源于两个方面：一是随着改革开放的深入，许多职业院校领导和骨干教师去发达国家访问交流，在受访国的同类院校中发现课程教学没有专用的教材，教师根据课程标准要求、学校的教学条件和本人的经验积累，每次上课发几张教案给学生，同时也介绍几本与本课程相关的书籍进行教学。学生课后逐步将这些教案收集成册，这就是留给我们的活页式教材雏形。二是在我国，活页式教材最初出现在新建实训基地所购装备的使用培训上。因生产商不断迭代其产品，且所售产品需要包教包会，厂商开发出了活页式教材。随着同类产品升级，其培训教材只要换些相关内容即可（尤其是世界 500 强企业）。而后配套的实训教材也随之效仿进行开发，活页式教材在职业院校有了一席之地，在教材市场上逐步形成了一种新气象。

活页式教材从出版物构成上包括活页夹（有金属和塑料两种）、纸质有孔活页、活页书写板等。这实际上是活页教材的外形态。活页教材兼具"工作活页"和"教材"的双重属性。其"工作活页"属性使活页式教材具有结构化、形式化、模块化、灵活性、重组性等切合职业教育教学和自主学习的特征；其"教材"属性使活页式教材具备引导性、过程性、功能性、专业性、综合性等特征。细研活页式教材的形态，如图 3-2 所示，其本质是教材内容组织模式的变革。由于产业发展引发行业企业转型升级速度加快，其相关的技术、工艺与规范的更

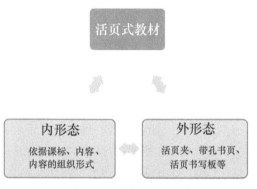

图 3-2　活页式教材的形态

新亦日新月异，职业教育教材的内容往往需要跟跑，且更新的内容和频率可能会因各地产业发展的差异而有所不同。这就要求教材在内容的组织上既要体现系统性和逻辑性，其内部各部分还要有一定的灵活性，以方便教材编写主体对内容进行更新，而不破坏教材的整体结构，从而确保教材的内容及其组织结构在较长时间内具有一定的稳定性。为了实现这一目标，起源于信息技术领域，在开发与设计过程中采用的模块化思想就被引入到职业教育活页式教材的开发中。

3.5.2 活页式教材的组成要素

活页式教材的开发不是一个"独立事件"，与其关联的要素如图 3-3 所示。故要开发好活页式教材，需要对这些要素进行仔细分析。

1）活页式教材的开发依据是课程标准。从诊断与改进视角分析课程，其分为课程建设和课程教学（课程实施）两大领域。在课程建设领域，教材是非常重要的部分，或是引用国家/省市级现有规划教材，或牵头/参与开发教材；在课程教学领域，根据课程标准、教材及院校拥有的装备条件等进行二次开发，形成教案，之后方能组织教学。开发活页式教材首先要深刻理解对应的课程标准，而课程标准是基于教育部专业教学标准和毕业生用人单位的调研结果。基于毕业生就业岗位的工作任务及素质要求所生成的职业能力清

单是课程标准开发的重要依据。只有清晰其内涵，才能对所要开发的活页式教材做到心中有数。

2）教材开发与教具紧密相关。活页式教材有个适用面的问题，尤其是与信息技术紧密相关的课程，因"摩尔定律"的作用，仪器设备更新率很高，教师掌握使用这类仪器设备的方法则是胜任教学工作的基本要求；材料内容必须紧跟新装备的变化，而且因生产这类产品的厂商不同，采用的操作系统也不同，与其配套的教材内容就比较繁杂，需要将其捋清楚后再进行组织编撰。

3）评价要求与评价方式也是构成活页

图 3-3　活页式教材关联要素

式教材编撰的重要因素。目前，在职业院校，一卷定调的做法基本上没有教师采用了，在学校的教学管理制度中一般也要求平时成绩和期末成绩综合考虑。从质量生成的角度研究这类问题，靠最终检验来保证"产品"质量是不行的，过程质量很重要。基于职业院校学生的学情实际，一般都要考虑出勤、课堂作业、课后作业、项目完成情况（不是各课程都有要求）、期中测试、期末考试等进行综合评分。当然，这里有个权重问题，但对活页式教材开发而言，主要是内容的设置中要考虑评价内容和评价方式。活页式教材不是学科课程所派生的传统教材，它是职业教育特有的一种教材形式，较多的学习内容以模块化结构呈现，故比较普遍地采用学一段测试一段的方法。活页式教材中关于评价内容和评价方式是其开发的基本要求。

4）活页式教材离不开教学平台和云端资源的支撑。根据目前政策层面的要求，教材三年一次大修订，在这样的节奏下，活页式教材的主要应用领域在于快变的职场所对应的专业及课程。问题是当下信息技术快速普及的背景下，需要快速迭代或增删的内容仅通过将教材中的有孔页面替换就行了吗？如果该教材是出版社出版的，则按照目前的出版流程和要求（图3-4），一般要一年左右的时间，就是迭代一小部分，根据目前凡编必审的要求，也需要近一年的时间，且这里还有一个占用书号和教材出版排队的实际问题。而借助

图 3-4　某出版社出版教材流程

教学平台和云端资源则可较快地完成替换任务,这是活页式教材开发中不可或缺的重要配套资源。

5) 学情与教学模式是开发活页式教材必须研究的要素之一。职业教育教学与学科教育教学一样,遵循由浅入深、由表及里的教学规律;但职业教育有其特殊的学习认知规律,从特殊到一般,从形象到抽象是改革开放40多年来对职业教育教学规律的成功总结。它一改从概念、定义等入手组织教材内容,创建了众多的教学模式。例如,由重庆市教育科学研究院彭茂辉和重庆工程职业技术学院谭绍华总结提炼的"五环四步能力本位职业教育课堂教学模式"。"五环"指的是在能力本位教育理论的指导下,将职业教育课堂教学划分为五个环节,即能力发展动员、基础能力诊断、能力发展训练、能力发展鉴定和能力教学反思,这是教师每次教学活动应遵循的基本逻辑思路;"四步"指的是在能力发展训练环节中,教师按照明确任务、小组行动、展示成果和及时评价四个教学步骤,次第展开,完成最终的课堂教学活动。而在活页式教材的开发中,能力发展训练、能力发展鉴定和能力教学反思方面的内容需要在教材中预设,教师经过对教材的二次开发,再在教案中设计明确任务、小组行动、展示成果和及时评价四个教学步骤,之后在教学场所组织教学与培训。

6) 教学单元设计是活页式教材开发的核心内容。活页式教材作为立德树人载体所应有的定位,应以能力为基本教学单元发挥职业教育教材的优势。以能力为基本单位,意味着教材的组织体例将主打"工作任务——职业能力",这样教材的组织逻辑将可以与课程的逻辑实现更大程度的匹配,进而提升教材参与课程实施的效果。此外,职业能力是由多个层面组成的一个复杂结构,是典型工作任务情境中表现出的知识、技能和态度的综合。以能力为基本单元,能够让技术理论知识与技术实践知识围绕能力点进行呈现,并以课后作业或其他形式延伸学习内容和范围,启发学生学习,内化成能力。

7) 活页式教材的装帧方式。活页式教材的装帧方式多种多样。从现有教材市场上可见到的活页式教材外壳,有彩绘硬质纸板的,有透明塑料的,有简装纸板的等。这些外壳一般比普通教材稍大、稍厚。夹具通常采用金属环钉,少数活页式教材也采用塑料环钉;环钉数有2个、3个、8个、9个和多个不等(图3-5~图3-10),视出版社的专利考虑或

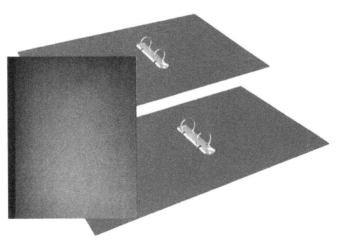

图 3-5 活页式教材 2 个环钉装帧形式

装帧美观考虑。但据使用者分析，最实用的是 2 个环钉方式。由于书页需要装与卸，纸质的厚薄及质地有强度要求，这也是活页式教材比较贵的原因之一。活页的编码通常有两种方式，一种是与普通教材无异的按顺序编排；另一种是按学习情境（任务），根据模块要求分块编码，模块内再按顺序编排页码。有的活页式教材装帧比较考究，在教材的页首或页尾还设计了活页书写板夹（图 3-11），方便学习者做笔记。

图 3-6 活页式教材 3 个环钉装帧形式

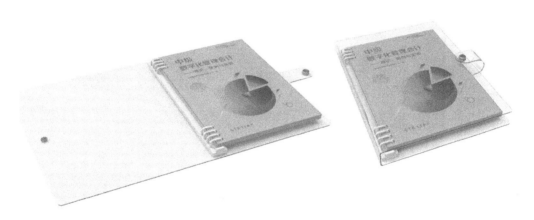

图 3-7 活页式教材 8 个环钉装帧形式

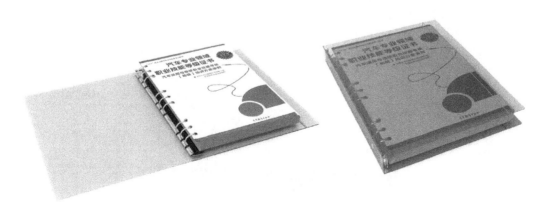

图 3-8 活页式教材 9 个环钉装帧形式

图 3-9　活页式教材多个环钉装帧形式

图 3-10　活页式教材弹簧圈装帧形式

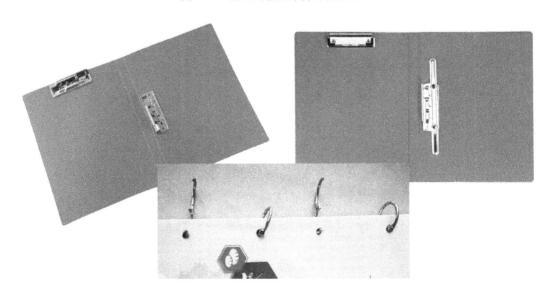

图 3-11　活页纸夹和简易活页板夹

当前，一些学者认为活页式教材正处于探索阶段，其主要原因是这类教材的一些基本问题还没有得到较好的解决。例如，活页式教材的定义是什么？活页式教材的编写依据是什么？活页式教材开发所基于的课程模式如何选择？活页式教材的编写大纲如何确定？活页式教材的最小组织单元是什么？如何处理好活页式教材编写的体例？如何确定活页式教材的开发流程和详细步骤？如何选取与活页式教材相对应的教学模式？这些都还比较模糊，理论界还没有成熟的研究成果加以指导。虽然已经有一些出版社在教材封面上标识了"活页式教材"的宣传语，但也仅仅停留在对教材装订的物理形态改变上，与真正意义上的"活页式"相差甚远。目前，活页式教材的开发也遇到了一些具体问题，在对其认识和理解方面尚未形成一致的看法；从售价上进行比对分析，活页式教材通常是立体化教材的1.5倍以上；从便携性上分析，这类教材携带不太方便；从出版社的出版流程上分析，这类教材难以实现"即卸即插"功能。故活页式教材较难实现大规模推广使用，但作为职业院校校本教材开发使用，还是可行的（有国外访学经历的教师都有这方面的共识）。这是职业教育教材改革过程中的实情，而倡导开发职业教育活页式教材，重在其内形态的变革，而并非在外形态上改变教材的材质。信息技术高度融合发展的今天，立体化教材很有可能会替代其部分功能和部分教材市场。从事职业教育教学和研究工作的骨干教师及专家需要从实践和学理研究两方面开展探索。

3.6 职业教育的工作手册式教材

工作手册式教材与立体化教材和活页式教材有许多共同之处，如在教材内容的选择、组织和呈现等的思路与方式方面，是职业教育教材形态变革及教材建设的重要领域。回顾改革开放40多年来，在职业教育领域，工作手册式教材最初是伴随着实训基地建设而诞生的。一些与发达国家有合作办学项目的院校，尤其是与德国有合作项目的院校，积累了比较多的开发与使用工作手册式教材的经验。如经中国教育部与德国国际合作机构（GIZ）、德国五大汽车制造商（保时捷、宝马、奔驰、奥迪及大众）携手我国高职院校联合启动的"中德汽车机电技能型人才培养培训合作项目"——中德汽车职业教育合作项目（SGAVE——Sino-German Automotive Vocational Education），充分利用德国在汽车领域雄厚的技术和经验储备，联合构建符合现代汽车维修和维护行业需求的专业人才培养体系，共同开发适应我国国情的汽车机电技术人才培养方案、课程体系、课程标准等，共同为德国五大汽车生产企业培养具有国际竞争力的技能型汽车售后服务技术人才。中德汽车职业教育合作项目中形成了一批工作手册式教材，且这类教材的开发理念、路径、方法等正在影响着其他专业的教材建设。目前正在全力推进的1+X证书制度试点，将会涌现出一批工作手册式教材。

编写工作手册式教材的目的是提高职业院校教育教学的针对性，实现工作任务与学习任务的对接、工作标准与学习标准的对接、工作过程与学习过程的对接，突出职业教育教材的类型特征。工作手册式教材不仅是实现形式上的改变，更重要的是实现教材内容上的改变。因此，编写工作手册式教材，理解其内涵具有基础性作用。

3.6.1 什么是工作手册式教材

工作手册也称操作说明书或操作指南。它是对技术环节做具体操作指导的文件；是科技人员的一种技术工具书，常常编汇成小册子。操作的项目不同，对应的操作说明书内容和形式也各不相同，有的以专项技术/工艺为内容，有的以专门的仪器设备为对象；形式上有技术指导书、技术岗位手册、操作规程等。工作手册的三个基本特点是简明、专业、实用。它主要供人们在从事某一项任务时参考相关知识或前人经验。所以，工作手册的优势是可以便捷地查询和指导，实用性是其核心特色。

工作手册式教材是一种以"做中学"为特征的职业院校教学用书，具有工作手册和教材的共同特征。工作手册式教材内容满足学生在工作现场学习培训的需要，提供简明易懂的"应知""应会"等现场指导信息；同时，又按照技术技能人才成长特点和教学规律，对学习任务进行有序排列。

工作手册式教材起初最朴素的思想是如何指导学生在实训基地完成理实一体化教学或实训教学，因为出于安全和防止出现较大误操作事故的发生，根据实训场所的实际，依据仪器设备的操作说明，对照教学要求，对相关的学习和培训活动按照"串联式""并联式"或"混联式"流程展开，收到了一定的教学成效。但随着教学改革工作的深入，发现了两个需要研讨的问题：一是如何帮助学生建构自己的知识体系，形成职业能力；二是创新教育如何融入其中。这对相关的教育教学活动都是挑战！

3.6.2 工作手册式教材的组成要素

工作手册式教材与前述的立体化教材和活页式教材有许多相似的组成要素。但从工作手册式教材的特征分析，它与前述教材有一个显著不同的要素——工作任务系统和工作任务流程，如图 3-12 所示。

工作手册式教材不是将职业教育专业教材全盘手册化，工作手册式教材并不能适用于所有课程，如一些基础性、通识性、原理性的课程，尤其是那些知识体系无法碎片化的课程。工作手册式教材的价值是通过吸收手册实用性的优势，进一步完善职业教育教材的内容结构，让教材能够成为教师教学指导和学生学习与参考的有用材料，提升教材的使用效果。与传统教材相比，工作手册式教材的最大特点是丰富

图 3-12　工作手册式教材的关联要素

了工作过程中需要的指导性信息，拉近了产教之间的距离，并随着工作过程的变化及时修订教材内容。

1. 关于工作任务系统

工作手册是企业内部为了保证职工的工作安全，促进职工工作效率和工作质量提高而设计的一种指导性文件。工作手册的内容主要包括业务部门工作职责、工作人员岗位工作职责、工作标准、工作流程等。工作手册式教材适用于专业的项目化教学所需，如由机械工业出版社出版的《汽车维修技能学习工作页》系列教材就是典型的工作手册式教材，其内容涉及汽车的安装与维护、控制与调节技术、起动系统的检查与维修、传动系统的保养与维护、底盘与制动系统的保养与维修等 14 个与汽车维修紧密相关的工作任务，该工

作任务系统通过汽车维修体系的解构和重构，经教学化处理后形成便于教与学的"学习领域"。这些学习领域之间有着密切的联系，体现着工作任务的系统性。

2. 关于工作任务流程

工作手册的实用性是基于流程化的操作、具体的方法指导、清晰的语言表述以及可供借鉴的案例等实现的，它能让学生在教师的指导下或通过自学这些内容完成某项任务。与此相关联的职业教育教材中一定要有清晰、详细的岗位任务操作流程及方法指导，且文字与图片之间应形成相互补充的呈现效果，从而让学生能够根据这些流程与说明独立完成某项操作。当学生能够从参照教材完成任务的过程中形成获得感时，教材的价值将能够得到教师和学生的认可。

由徐国庆教授主编的《中餐服务》教材则是根据"高星级饭店运营与管理（酒店服务与管理）专业"的基本技能（托盘、摆台、折花、餐具清洁等）、餐前服务（设备检测、餐厅清洁、仪容仪表、菜单准备等）、席中服务（迎宾服务、引导入座、递送菜单、菜品介绍等）、餐后服务（清理布草、清理餐用具、清理桌面等）等工作流程所编写的教材内容，便于教师和学生在教学活动中掌握教与学的方法并形成工作能力。

由机械工业出版社出版的《汽车机电技术》[（德）Wilfried Staudt 著，华晨宝马汽车有限公司组译]教材是典型的工作手册式教材。该部教材包括车辆和系统的保养和养护、拆卸、修理和安装车辆技术总成或系统，电气和电子系统的检查和修理、控制和调节系统的检查和修理、供电系统和起动系统的检查和修理、发动机机械机构的检查和修理、发动机管理系统的诊断与维修、废气系统保养与维修工作的实施、传动系统维护、底盘和制动系统维护、附加系统加装和投入使用、网络系统检查和修理、车身、舒适和安全系统诊断与维修、针对法定检查的保养和修理工作 14 个学习领域。每一个学习领域都确定了重点教学内容：①接车谈话和接受客户委托；②信息收集；③信息分析；④工作计划，故障诊断，进行修理，检查工作质量，记录等。

工作手册式教材与创新教育教学相结合，这在许多职业院校的创新活动中形成了一批成果。从教学方法上归纳总结，主要是将"抛锚式"和"脚手架式"教学方法结合起来，在教材内容选择上注重学生直接经验和间接经验的相互融合，充分考虑学生的认知规律，引导学生学习和探究。例如，机械类专业教学中常常会学习使用 AutoCAD 软件（多种版本，各有要求），作为设计、工艺、实操等基础性工具贯穿于整个专业学习之中。会使用该软件（可设计成多个工作任务）在教学中属于"抛锚式"设计思考，如图 3-13 所示；通过学习轴类零部件的设计，在学生掌握了相关命令之后，教师要求学生基于目前掌握的知识与技能，完成一个箱类零部件的设计，这在教学中属于"脚手架式"设计思想，虽然教师没有将所需要的知识技能全部教给学生，其目的是通过"举一反三"，在原来的学习成果的基础上，将创新意识培养融入其中，完成教学任务，形成比较系统地使用 AutoCAD 软件的能力。

教材侧重于教，但仍可结合"学材"的学的要求，综合进行工作手册式教材的设计与编撰。当然，其侧重点仍是教，但为教师编写教案时提供了如何让学生学好的"学"的伏笔。工作手册式教材是一种辅助的、引导式的、起参考作用的资料，在一定程度上反映了"抛锚"和"支架性"的教材特征。

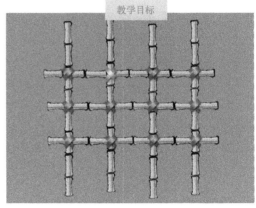

a) 抛锚式

b) 脚手架式

图 3-13　工作手册式教材设计中的教学模式

第4章
CHAPTER 4
职业教育教材的体例结构

　　要素是前提，没有要素，一切都将不存在。结构是关键，也是核心，且结构决定了功能，也就是说要想知道功能是如何实现的，得弄清事物的结构。功能是作用、效用或某种能力，由结构决定，常说什么东西具有什么效用，这种效用就是要素结构的外化表现。本书第3章介绍了职业教育教材的形态，其中对教材的要素问题进行了探讨。本章将对职业教育教材的体例结构进行研讨。

　　近年来，职业教育教材研究成为教育研究的新热点，研究成果十分丰硕。然而，教材研究远未到达成熟的状态，其中一个原因是教材问题涉及很多领域，因而教材研究有其独特的复杂性。职业教育教材的体例结构是教材编撰的重要内容。因职业教育专业涉及19个大类，其内涵极其丰富，对应的教材开发也涉及诸多研究领域。当前国内职业教育教材研究的对象已经十分清晰。但是，教材研究的一些基本理论问题仍待进一步讨论和厘清，这些基本问题对于教材研究进一步走向成熟十分重要。在这些基本问题中，关于职业教育教材的体例结构的思考尤其关键，因为教材的体例结构问题无论是对教材的本体研究还是外围研究，都是一个核心问题。

4.1　教材的结构与功能

　　有什么样的结构，就有什么样的功能。职业教育教材的结构与功能亦是如此。入围教育部X证书目录管理的四个批次，与教育部最近出台的职业教育专业目录相对应的，有10个以上X证书的有能源动力与材料、装备制造、交通运输、电子与信息、医药卫生、财经商贸、旅游、文化艺术、新闻传播、公共管理与服务十个专业大类。X证书多就意味着相应的X配套教材开发工作量大，因大类专业的不同，其教材的体例结构就会有一定的差异，以满足相应的培训功能。职业教育教材开发的范畴覆盖了X配套教材，故需要一并研究。

4.1.1　教材概念的理解

　　对教材概念的理解是多样的。《中国大百科全书》对"教材"有两种解释：①根据一定学科的任务，编选和组织具有一定范围和深度的知识和技能的体系。它一般以教科书的形式来具体反映。②教师指导学生学习的一切教学材料，它包括教科书、讲义、讲授提纲、参考书刊、辅导材料以及教学辅助材料（如图表、教学影片、唱片、录音、录像磁带等）。教科书、讲义、讲授提纲是教材整体中的主体部分。

　　《职业院校教材管理办法》第二条规定："本办法所称职业院校教材是指供中等职业学校和高等职业学校课堂和实习实训使用的教学用书，以及作为教材内容组成部分的教学材料（如教材的配套音视频资源、图册等）。"

对教材的理解丰富多样，关于"教材"内涵的理解比较容易达成共识，即"教材"是为"教学"准备的材料，但是关于"教材"外延的理解则有所不同。如有人认为"教材"即教科书，也有人认为"教材"包括一切为"教学"准备的材料。本章讨论的"教材"是指为了实现一定的教学目的，依据规律性知识设计的供学校师生共同使用的教学材料，其外延包括教科书及与之配套的挂图、光盘、网络资源等。那些单独供教师使用或者单独供学生使用的教学辅助材料不在讨论范围之内。

从职业教育特有的属性讨论"教材"的定义可做如下界定：

1）从使用情境分析，教材是用于职业院校教学情境的材料。各种形式的材料被用于各种不同的情境。本章讨论的教材是指用于职业院校中教学活动的材料，包括纯理论教学课程所使用的教材、理实一体化课程所使用的教材和纯实践教学课程（含培训活动）所使用的教材。

2）从教材的使用者分析，它是供学校教师和学生共同使用的。此处提到的教师和学生，不仅是学校里的教育者、受教育者，还有由于职业院校承担学历教育和培训的法定职责所包括的社会和企业的受训者。

3）从材料的功能分析，教材的使用目的是使受教育者的身心发生积极的变化。教材的设计者在设计教材时，总是自觉或不自觉地对受教育者身心发展的理想状态预先有一个设定，并且希望通过教材的使用实现某些积极的变化。至于何谓"积极的变化"，则是由设计者根据课程标准中所定的课程目标和自身的价值判断来决定的。

4）从材料的使用过程分析，此处要讨论的教材不是单独供教师使用也不是单独供学生使用的。教师使用教材时需要学生的配合，学生使用教材时则需要教师的帮助，总之，其功能的最终实现需要师生的互动与合作。

5）从材料的形成过程分析，教材作为教育的核心媒介，是依据包括教育学、心理学、各个专业知识（学科知识、实践知识、经验知识）等在内的和教育活动有关的规律性知识或技巧性知识进行编写的。教材的形成通常被看作是一项需要专业人士根据专业知识工作才能完成的任务。

6）从材料承载的信息分析，它是有助于受教育者的身心发生积极变化的内容。为了实现教材"使受教育者的身心发生积极变化"的功能，教材的内容需要符合"有助于身心发展"的要求。

4.1.2 教材的一般结构

教材的种类很多，不同种类的教材会呈现出不同的面貌。例如，根据不同年龄阶段的使用者可以区分不同的教材，根据不同的课程类型可以区分不同的教材，根据教学活动诸要素也可以区分不同的教材。但作为教材而言，其一般结构是可以梳理出来的。

教材的结构既可以是内在的，也可以是外在的。教材的"内在结构"是指从功能的角度看教材由哪些基本的组成部分构成，这些组成部分各自承担何种功能，同时又如何相互联系，进而实现教材的教育功能。教材的"外在结构"则是指依据这些组成部分的功能和联系具体呈现出来的个性风貌——即不同的教材设计者呈现出来的个性化设计结果。例如，依据不同的标准进行单元的划分；采用不同的顺序安排教材的组成部分；采用不同的图像、不同的版式表达教材的内容；采用不同的组织方式，将教材的内容集中于一本教材或者以教材为主将不同的内容用练习册、挂图、声像资料、案例库、云端资源等补充和呈现。

本章主要讨论教材的内在结构，即从功能的角度分析教材的组成部分和各个组成部分之间的关系。

从功能的角度分析，教材的一般结构如图4-1所示，包括教材的内容和教材的形式两个要素。任何教材，没有无形式的内容，也没有无内容的形式，二者相互依存，密不可分。不同的教材有不同的功用和设计过程，但是关于内容和形式的区分不失为一种分析教材结构的思路。

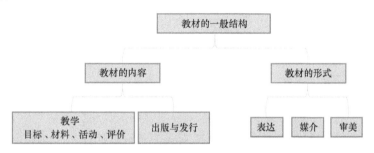

图 4-1 教材的一般结构

教材的每一个组成部分都不是单个存在的。例如，教材的目标分散在各个单元之中，这些分散的目标又是相互联系而发挥作用的，因而每一个组成部分都具有关联的性质。不仅如此，不同组成部分之间也是相互联系的。例如，教材的目标和教材的活动设计就是互相呼应的，正因为这种呼应，不同组成部分才能够共同合作，实现教材的整体教育功能。

教材的内容主要包括教学（含目标、材料、活动和评价）、出版与发行两大部分。教材的教学内容部分是供师生在教学过程中使用的、与教学过程的基本环节相呼应并有助于使用者更好地完成教学任务的材料，这是教材编撰所必需的。教材内容的第二个部分是出版与发行信息系统。教材设计和开发完毕，需要公开出版与发行（即使不公开出版发行也需要流通），因此，作者、价格等出版发行信息也是需要的。

教材的形式主要包括教材内容的表达、教材的媒介和教材的审美等。教材的内容是以知识为核心的信息，它们需要通过图像、文字等表达形式被使用者理解和接受，为此，教材的表达是必要的。教材的表达又要被使用者的感官感知并使表达内容得以保存、复制、分享，因此，就需要纸张等物质媒介，这些物质媒介构成了教材的物质媒介系统。教材的表达和物质媒介不仅具有使教材的内容可知、可感、可分享的作用，还具有审美的作用，那些通过表达和媒介显示出来的审美要素就构成了教材的审美内容。教材的表达、物质媒介和审美内容一起构成教材内容系统的外在存在方式。当然，由于教材审美内容主要蕴含于或者说依附于教材的表达和物质媒介之中，因此，三者是融为一体的。

综上所述，图4-1展示了教材应该具备的必要组成部分，它们构成了教材的一般结构，在这个一般结构基础上，教材开发者可以根据实际情况加以调整。

4.1.3 教材的基本功能

对照图4-1所示的教材的一般结构，分析教材的基本功能。

1. 教材的目标及其功能

《职业院校教材管理办法》第三条提出："职业院校教材必须体现党和国家意志。坚持马克思主义指导地位，体现马克思主义中国化要求，体现中国和中华民族风格，体现党和国家对教育的基本要求，体现国家和民族基本价值观，体现人类文化知识积累和创新成果。"教材的目标及其功能在于规定教材之于人的发展的价值。这一部分主要有两方面的作用：一方面，它有助于教材的开发者对教材把握方向，从而提高开发的针对性；另一方面，它有助于使用者更好地选择和利用教材。它使教材的使用者对教材要达到的教育目标有清晰的认知，从而更好地判断该教材是否符合自己的需要并正确地取舍。此外，它还有助于使用者在使用的过程中以此为行动指南，充分实现教材预设的促进人的发展的作用。教材的目标是学校教育目的系统中的一个部分。教材目标受到国家教育总目标、学校教育目标、专业目标、课程目标、教学目标等其他目标的制约和引导。教材目标的首要任务是将各级目标在教材中具体化。

2. 教材的材料及其功能

教材的材料及其功能是为使用者实现教材目标提供合适的材料。要实现一部教材的目标，就必须从相关的浩繁的前人积累的资料中寻找合适的材料。例如，为了帮助学生理解某个概念，就要选择和这个概念的"定义"有关的资料；阐述一个原理，就要为这个抽象的原理选择能够反映这个原理的具体现象；培训一项技能，就要为掌握这个技能所涉及的理论和实践知识、工作环境、工作素养等准备素材。教材的材料必须经过筛选，必要时还需经过加工，使之更适合教学的需要。那些尚未经过筛选和加工的资料，可以被称为"素材"。经过筛选得来的资料，就可以从原始的素材转变为"材料"，这些材料经过教学化处理后才能转变成教材的内容。

3. 教材的活动及其功能

教材的活动及其功能是对教材的使用者安排教学活动的方法提出建议。使用者在使用教材的过程中有可能对教材进行改造，一般而言，一位任课教师的教案至少是在教材这个平台上进行第二次开发，因此这里关于教学活动的指导只是供给使用者参考的选项。尽管如此，如果教材设计者能够事先就教学活动的方法及其过程提出合理并且可行的建议，无疑会使教材更具有可教、可学、可操作的优点。教育部办公厅关于印发《"十四五"职业教育规划教材建设实施方案》的通知中提出："满足项目学习、案例学习、模块化学习等不同学习方式要求，有效激发学生学习兴趣和创新潜能。"实际上，一部职业教育教材的开发，总有其倾向的教学模式和学习方式。

4. 教材的评价及其功能

教材的评价及其功能在于帮助使用者对是否达到预设目标做出判断。尽管教材开发者的评价只是一种供使用者参考的建议，但是如果教材能够立足于可能的使用情境，谨慎地设计可行的评价，同样有助于提高其实用性。教材的评价可以涵盖诊断性评价、形成性评价、总结性评价等各种类型的评价方式，从其具体的表现形式来看则包括课后练习题、表现性任务等内容。

5. 教材的出版与发行及其功能

教材的出版与发行及其功能是帮助使用者了解教材的设计、使用、出版发行信息，帮助其更好地获取和利用教材。教材的出版与发行包括出版信息和发行信息两个部分。出版信息包括常见的编写说明、使用说明、书名、作者、出版社、出版时间、版次等信息，发行信息包括价格、读者服务等信息。此外，作者介绍、内容简介、前言、序、后记等正文之外的信息也是为了帮助读者更好地理解和使用教材，因此这些信息也被纳入出版发行信息系统。在出版发行信息系统中，最重要的是教材的编写说明和使用说明，它们为使用者更好地理解和使用教材提供指南。

4.2 职业教育教材体例的多样性

从教学论的角度看，职业教育教材是根据课程教学需要而选择、组织的具有一定深度和广度的知识和技能体系。教材是教学的基本工具，是知识、技能、态度、经验的载体，是教学内容的物化形态。《职业院校教材管理办法》将职业院校教材定义为"供中等职业学校和高等职业学校课堂和实习实训使用的教学用书，以及作为教材内容组成部分的教学材料（如教材的配套音视频资源、图册等）"。但从职业院校所承担的学历教育与培训并举并重的办学职责角度分析，职业教育不仅包括职业学校学历教育，还包括职业培训，故职业教育教材不仅包括用于学校全日制教学的各类图书，还应包括各类职业培训所需的教材。

如图 4-2 所示，职业教育教材的内形态包括依据、内容和组织三大要素。开发教材的依据有两类，一类是各种专业和课程标准，另一类是各种证书的技能培训标准；教材内容选择的依据是课程标准或证书标准；根据课程或培训目标，将这些内容进行有效的组织，则将形成教材的体例。面对众多的职业教育专业和培训证书，职业教育教材的体例则呈现出多样性。

图 4-2 职业教育教材的体例结构

4.2.1 基于职教属性的教材体例

职业教育教材的编撰与一般教材的编写环节基本相同，如确定编写原则、编制教材大纲、确定教材结构与体例、准备编写素材、实施编写、审订出版等。

(1) 在教材的总体结构方面

1) 书名：依据专业课程标准或培训证书标准确定（包括同科目系列书名及单本书名）。

2) 总体顺序：前言（编写说明）、目录、正文、附录（参考文献、索引等）及后记。前言、附录（参考文献等）及后记等，由主编（或板块负责人）撰写。封面：自行设计（主要包括课程名称、主编姓名）或由出版社设计。

3) 编写说明：包括课程或培训要求的指导思想、目标、知识、方法、训练的特点，以及编写人员情况介绍等。如该教材有特色，则可给予特别介绍。

4) 学习指导：可以单独撰写，也可以安排在前言中，主要包括该教材所对应的课程学习基础方面的要求、教材使用方法（如数字化资源的使用）、学习需注意的事项、评价要求等。

5) 正文部分：总体上应根据《职业院校教材管理办法》的要求进行编撰，将课程思政方面的内容渗入其中。因专业课程或证书培训课程要求不一，故正文的内容十分丰富，需要根据实际情况予以编撰。

6) 附录：主要的参考文献、给学生的参考资料等。

7) 教材大多按章、节、课时安排结构，但目前职业教育教材也有不少创新，亦有按项目/任务、学习领域、模块等安排结构。其层次要求应合理，不宜过多，编排格式要统一。

(2) 在教材的编写体例方面

1) 基本式：分章、节、目三级，并与正文中完全一致。例如，第一章、第一节、一、二、三……

2) 任务式：适合部分技能性强的课程，特别是实训课程。在实际教材编撰中，也可将其作为项目教学的组成部分。全书按学习内容序列安排，例如，任务1、任务2、任务3……

3) 项目式：项目是比较综合的知识和技能组合，下面分解任务。例如，项目1、任务1、任务2……

4) 模块式：具有模块的基本特征，内容相对独立，有特定指向且可以按需组合。例如，模块一、课题一、课题二……

5) 案例式：一般而言，"三产类"专业的教材用这种体例的比较多。以案例、课时来安排目录。

以下讨论的职业教育教材体例是基于某一部教材主要采用的体例，在项目/任务式体例、模块式体例和案例式体例中，它们有时会产生交叉，这是教材编撰和学习培训的需要。

4.2.2　项目/任务式体例

项目是人们通过努力，运用各种方法，将人力、材料和财务等资源组织起来，根据商业模式的相关策划安排，进行一项独立的、一次性或长期无限期的工作任务，以期达到由数量和质量指标所限定的目标。项目通常有以下一些基本特征：①项目开发是为了实现一个或一组特定目标；②项目要综合考虑范围、时间、成本、质量、资源、沟通、风险、采购及相关方等的知识领域整合；③项目的复杂性和一次性；④项目是以客户为中心的；

⑤项目是要素的系统集成。

任务是指人们在日常生活、工作、娱乐活动中所从事的各种各样有目的的活动，通常指上级交派的工作、担负的责任。

由此可见，项目的内涵要大于任务。通常，教材开发者认为项目大、任务小；教材中的一个教学项目包含了数个教学任务；教材中所指的项目/任务是经教学化处理后的项目，与实际的工程项目/任务有关联，但含义不尽相同。

一般情况下，职业教育教材的内容与组织比较倾向于项目/任务式编撰模式。这种倾向是由于职业教育教学特点所致。一部职业教育教材是根据课程标准或证书培训标准进行行业企业调研，从中获取典型案例和教学载体，这些素材经教学化处理后被梳理出适合学习培训、符合学生认知规律和学情的若干项目（一般是5~7个）；每个项目再分解成若干个学习培训任务，以此构建成教材的体例结构。

徐国庆教授提出的职业教育教材设计的三维理论模型，如图4-3所示。

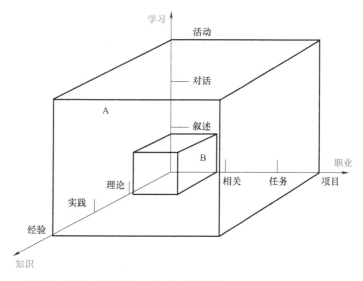

图 4-3　徐国庆教授提出的职业教育教材设计的三维理论模型

（1）职业维度　职业维度就是一部教材与职业建立何种关联模式，在何种程度上体现出职业性。职业教育教材最为突出的特征就是与职业的关系，但这种关系到底采取何种模式，在教材设计时是可以有多种选择的，其中存在着许多不确定性。因此，"职业"是界定职业教育教材呈现形式的首要维度。将职业维度区分为三种水平，即相关、任务和项目。采取不同水平的关联模式，会使职业教育教材体现完全不同的呈现形式。如果采取的是"相关"这一水平，那么这种教材呈现的内容是根据岗位任务精心筛选的，与岗位任务关联度较高的知识，但教材呈现的结构还是知识逻辑，这种知识逻辑已明显地包含了能力本位课程所要求设置的职业元素。在教材具体设计时，也存在到底是依据任务还是项目进行设计的问题。如果采取的是"任务"这一水平，那么这种教材是按照岗位的标准化任务进行教材呈现的，知识在任务中进行展开。如果采取的是"项目"这一水平，那么这种教材就是完全按照鲜活的实际项目进行呈现的，教材的逻辑主线是描述清晰、高度结构化的项目，任务和知识均融入到了项目实施过程中，教材展开过程实现了与工作过程最大程度的对接。

（2）知识维度　知识维度就是一部教材拟表述的知识的类型。教材的核心功能之一是系统地表达作为课程内容的知识。没有高质量的知识表述，不可能有高质量的教材。职业教育教材开发中的知识选择问题比较复杂，因为职业教育教材不仅包含理论知识，还会包含实践知识，如材料知识、工具知识、工作程序与方法知识、职业行动的判断知识等，甚至还可能包含经验知识。实践知识指工作实践中告诉我们如何去做的标准化知识。随着社会对职业教育人才培养水平的要求越来越高，职业教育正在努力开发工作中的经验知识，并把它们纳入到教材中。这样，职业教育教材设计不仅要合理地编排、有机地组合这三类知识，而且要在知识维度上合理定位教材，从而准确判断这三类知识在教材中所占的比重。

（3）学习维度　职业维度涉及的是教材呈现的基本结构，知识维度涉及的是教材的内容构成，学习维度则涉及的是教材的知识表述模式。职业教育教材表述模式的发展经历了三个阶段。①叙述模式阶段。它是基于传统的知识讲授式教学方法而设计的。②对话模式阶段。随着课堂要从教师中心转向学生中心，学与教的互动模式要从学的过程服从教的过程转变为教的过程服从学的过程，教材在呈现形式的设计上不仅要便于教师教，更要便于学生学，故多种多样的学习要素被纳入到了教材中，如学习目标、问题讨论、问题解决、自我评价等，而且教材也改变了以往单纯叙述知识的表述模式，转向了引导学习者进行教材学习的对话模式。它使教材越来越接近其本身的性质，即学与教的工具。③活动模式阶段。随着能力本位教育思想的发展，要在课堂中实施"做中学"的教学模式，就必须设计出基于活动课程理论，用于学生职业能力培养的教材。当然这种教材的呈现形式仍然可以采取对话模式，但它所对话的主要不是知识，而是活动展开与能力训练的过程。如果是"理论与实践一体化"教材，则还需要在活动展开的同时进行知识学习。

徐国庆教授认为，梳理职业教育教材市场的教材开发设计情况，以下五种组合形成的教材设计模式较为典型：

1）相关—理论　对话型教材设计模式；

2）任务—实践—对话型教材设计模式；

3）任务—实践—活动型教材设计模式；

4）项目—实践—活动型教材设计模式；

5）项目—经验—活动型教材设计模式。

以下两例是从职业教育教材市场上梳理出来的实例。

1. 项目式体例

该体例可归属"项目—实践—活动型教材设计模式"范畴，借鉴其理念设计教材体例。作为项目，需要交代项目背景、项目实施所需资源及项目活动的制度保障及约束。项目式体例没有唯一模式，但最基本的要求如下：

1）项目目标——以项目为载体，完成教学任务。

2）项目流程——结合项目流程设计章节/单元。

3）项目任务——根据项目流程安排学习任务。

4）项目成果——根据项目水平评价学习成果。

……

例 4-1：机械工业出版社出版的《ASP. NET（C#）动态网站开发案例教程》则以"校友录系统"等项目的实施贯穿整部教材，与动态网站开发的教学活动结合起来，通过 20 个工作任务将 ASP. NET 技术的学习融入实际工程案例中。其结构设计、网页和体例框架如图 4-4~图 4-7 所示。

图 4-4 设置校友会系统项目

采用校友录系统(大项目)一杆到底的体例设计

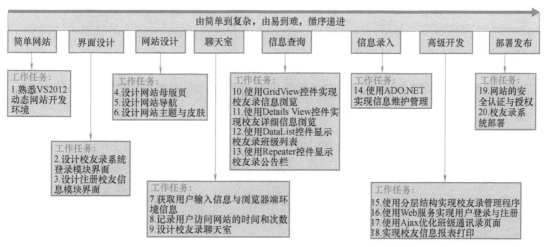

图 4-5 校友录系统项目开发流程框架

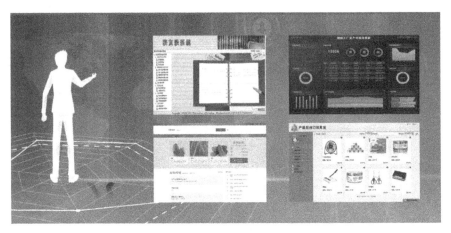

图 4-6 基于校友会系统项目开发组织教学

教材体例	教学资源	教学方法	参考教材

1 单元一 ASP.NET基础知识

2 单元二 HTML基础知识

3 单元三 ASP.NET服务器控件

4 单元四 网站设计

5 单元五 页面跳转与网页状态管理

6 单元六 ASP.NET数据库编程

7 单元七 ASP.NET分层开发

8 单元八 ASP.NET应用程序配置与部署

项目 校友录系统 ……

任务
任务一
任务二
任务三
任务四
任务五
任务六
任务七
……

图 4-7 《ASP.NET（C#）动态网站开发案例教程》教材体例框架

2. 任务式体例

该体例可归属"任务—实践—活动型教材设计模式"范畴，借鉴其理念设计教材体例。作为工作任务，需要交代任务背景、任务开展所需要的硬件/软件及工作情境等。任务式体例没有唯一模式，但最基本的要求见表4-1。

表 4-1 任务式体例教材基本要求

体例编排	
任务 1 * * * * * * * *	任务 2 * * * * * * * *
1. 任务目标	1. 任务目标
2. 理论学习	2. 理论学习
3. 任务分析	3. 任务分析
4. 任务实施	4. 任务实施
5. 任务评价	5. 任务评价
……	……
任务 3 * * * * * * * *	任务 N * * * * * * * *
……	……

例 4-2：机械工业出版社出版的《发动机管理系统诊断维修》是"中德合作汽车维修素养与技能高度融合培养项目"丛书中的一部。丛书是在学习德国巴登 · 符腾堡州的 14 个学习领域基础上，通过北京市教委与德国巴登 · 符腾堡州教育、青年和体育部"汽修专业素养与技能高度融合"合作项目实施后所积累的经验形成的阶段性成果而编撰的。该丛书包括 12 个学习领域，共 80 多个学习情境。每个学习情境都是完整的工作任务，并明确提出了包括知识、技能和素养在内的具体教学目标。从《发动机管理系统诊断维修》的名称就可大致了解该教材所对应的课程教学目标。该教材是通过实施中德合作教改试点项目后由参与试点的院校教师和专家通过总结、梳理和优化后形成的教改成果，其呈现的体例是完整的"十步教学"流程，这也是该教材的特色。该教材以典型工作任务和工作情境为载体，突出专业内容重点，重视细节，实现了由简单到复杂的编排。该教材安排了全负荷行驶时发动机功率不足、发动机运行不平稳且功率不足、发动机加速性差且故障警告灯报警、排气系统故障导致发动机故障灯点亮、配备废气涡轮增压车辆低速时加速性差、怠速过低导致发动机熄火 6 大工作任务。每项工作任务都根据实际情况安排了 10 个具体的教学任务，如图 4-8 所示。

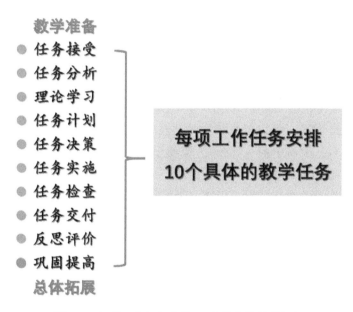

图 4-8　每项工作任务安排 10 个具体的教学任务

4.2.3　模块式体例

对模块的研究主要集中在 20 世纪 90 年代和 21 世纪初。自引入了加拿大的 DACUM 和国际劳工组织的 MES 课程模式后，模块的概念在我国职教界泛化了。目前，模块概念在职业教育领域主要用在专业课程体系中，尤其是专业群概念提出后，其相关方面的观点和文章很多。

模块有其自身的特点：①每个模块相对独立，每学完一个模块可以获得一项技能、知识或能力；②模块的内容依据职业岗位实际需要确定，实用性、应用性强；③借助了职业分析的方法，不以学科为中心组织教学内容，不强调知识的系统性、完整性，而强调技能训练或能力培养，围绕技能或能力形成组织教学内容；④每个模块内容不多，讲究"必需、够用"原则，针对性强且实用；⑤模块之间可以灵活组合，多数模块可以在模块之间形成模块组合，每个模块组合也有明确的行为目标和具体要求。

从教材开发视角，这类教材体例的构成基础与其他教材大同小异，即运用职业领域分析、职业分析、职责分析、任务分析等一系列分析，将具体岗位所需要的知识、技能和能力要求层层分解。针对每一项工作领域所涉及的工作任务及涵盖的知识、技能等，确定学习目标、所需设备材料和工具、操作步骤和标准（含必要的知识）、考核等内容。每一个工作任务所对应的学习内容称为"学习单元"，若干个学习单元组成一个模块，若干个模块组成一个模块组合。

模块式体例是在模块化理念指导下进行教材编撰，具有模块的基本特征，与模块化的课程设置相对应，适应于模块化教学活动的需要。

模块化课程所使用的教材有其特定的标准和特征。①每一个学习单元均由可测量行为术语表述的学习目标开始，以自我测试结束。表述包括在什么条件下、进行什么工作、达到什么标准（在规定时间内达到的精度和数量），即目标包含活动、条件、标准三要素；自我测试既可为实际操作，也可为书面选择或填空形式的客观试题，测试内容与学习目标一致。学习单元的编写按"学习目标——进度检查——学习内容"的顺序进行，以确保内容不超出目标。②图文并茂、文字简洁，对技能操作步骤详细描述，并以插图帮助学员理解操作步骤。每一学习单元不但说明学习本单元所需的设备、材料、工具，还附有相关学习单元目录，便于自学。③内容只指向一项技能或知识，页数不多，可以开发成"小薄本"（亦可是活页式教材中的一部分），既便于提高学习效果，又便于及时更新，更便于根据职业岗位实际需要或学员特点组合，适于弹性选课，降低学员的学习成本。④规格一致，有利于资源共享。学习单元不但统一为规定的开本，封面以不同颜色对应不同职业领域，而且按职业领域、工作范围、工种、任务等层次统一编码，便于检索，有利于在不同的地区范围内交流和共享。

这种"小薄本"类型的教材如果在比较大的范围内，通过地区、行业之间的分工合作来完成，可大大提高投入产出比。但从我国现实看，由于其与传统"大厚本"教材的区别，出版社在书号紧张的制约下，往往由于感到麻烦或获利不多而不太愿意涉及。故模块式体例在立体化教材、活页式教材、工作手册式教材上都见其身影。

模块式体例在职业教育领域教材编撰方面占有一席之地，在教材市场上经常能见到。它的应用领域主要在理实一体化课程和实践类课程所配套的教材上。

以下模块式体例是从职业教育教材市场上梳理出来的实例。

模块一　根据课程或实训所定的模块内容确定模块名

　　单元 1　根据该单元内容确定单元名

　　单元 2　根据该单元内容确定单元名

　　……

模块二　根据课程或实训所定的模块内容确定模块名

单元 1　根据该单元内容确定单元名

单元 2　根据该单元内容确定单元名

······

例 4-3：高等教育出版社出版的《税费计算与申报全真实训》教材由单项实训和综合实训两大部分组成。单项实训以每一具体税种应纳税款的计算和纳税申报为主线，共安排了 7 个模块 21 个实训单元；综合部分以一个企业的具体纳税操作为主线，将涉及的流转税、企业所得税等相关税费结合在一起，以体现"做中学、学中做"的职教理念，满足课程标准中的教学目标要求，突出了对学生报税岗位基本技能、职业意识和职业习惯的培养。在每个实训模块都安排了实训目标、实训要求、操作准备、操作程序和实训材料 5 个栏目，并对实训过程中容易出错处和重要的知识点进行了提示。该书目录如下：

第一部分　单项实训

模块 1　纳税工作流程认知

　　单元 1.1　发票领购

　　单元 1.2　涉税票证填制

模块 2　增值税计算与申报

　　单元 2.1　增值税税款计算

　　单元 2.2　增值税税款申报

　　单元 2.3　增值税出口退税的计算

模块 3　消费税计算与申报

　　单元 3.1　消费税税款计算

　　单元 3.2　消费税税款申报

模块 4　关税计算与申报

　　单元 4.1　关税税款计算

　　单元 4.2　货物报关与关税缴纳

模块 5　企业所得税计算与申报

　　单元 5.1　企业所得税税款计算

　　单元 5.2　企业所得税纳税申报

模块 6　个人所得税计算与申报

　　单元 6.1　个人所得税税款计算

　　单元 6.2　个人所得税纳税申报

模块 7　其他税费计算与申报

　　单元 7.1　城市维护建设税及教育附加计算与申报

　　单元 7.2　印花税计算与缴纳

　　单元 7.3　车船税计算与申报

　　单元 7.4　房产税计算与申报

　　单元 7.5　契税计算与申报

单元7.6　城镇土地使用税计算与申报

单元7.7　土地增值税计算与申报

单元7.8　资源税计算与申报

第二部分　综合实训

企业税费计算与申报综合实训

……

分析《税费计算与申报全真实训》设置的模块，既可以集中时间实训，也可以分段分块实训，各个模块的内容既相对独立又均有关联。

例4-4：面向空乘专业所设置的《空乘人员化妆技巧与形象塑造》（旅游教育出版社出版）是一门理实一体化课程的配套教材。教材的编排体例与一般模块式体例有些不同，也采用模块与单元结构，共设置了空乘人员形象与气质的构成、形象设计概述、化妆与形象设计、空乘人员的客舱化妆、服饰搭配与形象设计、头发护养与发型设计、美容与保健常识7个模块。每个模块下又设置了若干单元，如第四模块"空乘人员的客舱化妆"就设置了单元一客舱化妆的基本原则、单元二客舱化妆的一般程序、单元三空乘人员化妆与自身特点、单元四空乘人员工作妆与季节的搭配、单元五男性空乘人员化妆基本原则及要领5个单元。

《空乘人员化妆技巧与形象塑造》相对于《税费计算与申报全真实训》，独立性稍差些，但模块的特征还是比较明显的，如第四~第七模块。模块式体例也是一族体例，视课程教学目标、教学条件和教学模式而定，主要看其特征是否明显。

4.2.4　案例式体例

案例教学是目前职业院校常用的一种教学模式。案例教学的目的仍是服务于学生掌握知识，采用了从特殊到一般、从形象到抽象的教学方法。案例是指人们在生产生活当中所经历的典型的富有意义的事件陈述。案例作为教材中重要的教学素材，在教学活动中可以将学生引入特定的学习情境，通过多维互动，促使学生通过比较典型的、复杂的、变化的和多样化的案例学习，直观地和充分地理解所学的课程内容，以期培养学生分析问题和解决问题的能力，强化学生的沟通能力和团队合作意识。

案例素材的来源有多种渠道：①源自企业的真实案例，但需要做教学化处理；②源自教师的横向课题成果；③源自学生的创新活动成果；④源自全国或省市技能大赛项目，稍作简化处理；⑤源自国际交流项目，进行本土化处理；⑥源自教师教改项目，如制作的高级教具，研究所或工程中心研制成功的实际案例等。

在教材中，案例可以表现为与教学紧密关联的一台套设备、一个工程项目、一个工作流程、一组重要的数据、一个典型的事件或是一个场景；案例出现在篇章开头、章节中间、章后练习等不同位置，呈现为"引例""知识拓展""案例分析"等形式。案例教学是职业教育的重要教学模式，借助典型案例组织教学，可体现从特殊到一般、从形象到抽象的职业教育教学规律，以更好地实现教学目标。

采用案例式体例设计开发教材，从教学方法角度而言，也是服务于案例教学。赵志群教授在《职业教育行动导向的教学》专著中指出："案例分析教学法的理论基础是建构主义……案例分析教学法主要有四种形式，即案例研究法、案例问题法、案例调查法、问题叙述法。"

1. 案例式体例的构建原则

分析目前的职业教育教材市场，案例作为教材的一种内容呈现其中。根据教学任务的不同，案例可分为示教型、引导型、描述型、例证型、实验型和解释型等。根据案例的性质和教学需要，案例可分为正面案例和反面案例。根据案例的展现形态不同，案例可分为传统的文字、图表案例和代表当前技术发展前沿的以二维码、AR（增强现实技术）、VR（虚拟现实技术）为实现手段的数字化案例。

教材中案例的形成有案例素材前期选取和后期加工问题。素材的收集是一项常态化工作，资料收集足够多，才有后期选择加工的余地。一般而言，前期素材选取和后期采用的原则可归纳为"五性"，即针对性、典型性、关联性、开放性、先进性。其中，针对性是核心原则，典型性、关联性、开放性、先进性是附加原则，它们之间的关系如图4-9所示。教材开发的依据是课程标准或证书标准，每部教材必须体现课程标准或证书标准所要求的教学目标，故案例的选择原则首先是要有针对性。如"工程力学"课程的学习成果是让学生在其所在机械制造类专业中确立"强度/刚度/稳定性"的概念和基本的设计计算方法；"财务报表分析"课程的学习目标是使学生掌握财务报表分析的法规知识和操作技能；"自动生产线的安装调试与维修"课程的学习目标是使学生掌握自动生产线装备的大修知识和基本技能。在明晰了课程的教学目标后针对性地选择案例是重中之重。真实的案例素材很多，但教学时数有限，且学校教育教学不可能触及所有，典型性是选择案例的必需条件。教材的前后内容一定有关联性，故案例应是一个系列。开放性是目前教材开发的基本要求，现在开发教材一定是纸质教材与数字化资源紧密相关，许多相关案例可以安排在"云端"，教师使用或是学生学习可按需选择；另外，在教学过程中一些学生的优秀作品亦可上传"云端"成为新的鲜活资源。先进性主要体现在行业企业转型升级中的新技术、新工艺、新规范、新要求等。为什么教材要三年一大修，每年一小修，就是解决前述的"四新"问题。

案例式体例的构建思路：明确课程标准或证书标准的教学目标──→收集案例素材──→根据"五性"原则选择案例──→将案例融入教材的各个章节/单元/学习领域中。

2. 案例式体例的内容

因案例的借鉴引导和"借题发挥"的功能与作用，它没有比较固定的体例模式，其存在方式往往是融入式的。因专业不同和运用案例导航的教学模式需要，常见的案例式体例如下：

（1）贯通式案例导航体例 职业教育因学情的特殊性，其教学不能照搬学科教育教学模式（从概念和定义入手），往往从生活或工作中的一

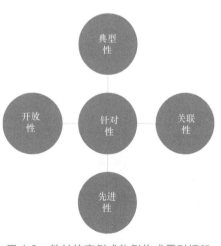

图4-9 教材的案例式体例构成原则框架

个常见的具体案例入手，从案例的外特征说起，逐步引向课程目标所要求的学习内容。从大类专业分析，尤其是三产类专业，因教学活动与二产类专业不同，接触更多的是服务活动，故其与课程配套的教材大多是案例导航教材。其案例可以分为组织机构案例（以企业战略、企业经营管理案例为代表）、团队案例（以团队管理、团队合作、团队服务案例为代表）、个人案例（以推销、服务等工作案例为代表）、产品案例和项目案例等，然后根据专业和课程或证书标准，将这些案例融入教材各章节或单元中。

例4-5：软件技术专业是进行案例教学的"大户"，常通过案例来学软件。如配套"C语言程序设计"课程的教材，需要解决学生对纯理论的学习没有兴趣，而且没有工作经验等问题。如何让学生在学习新知识时体验知识在实际工作中的应用？这就需要在教材中介绍案例，通过案例模拟真实的工作来弥补学生社会工作经验的不足。比较常见的是将"学生信息管理系统"作为典型案例，因为学生基本了解系统中的数据流程和客户的需求等信息。确定项目以后，根据知识模块的特点将系统分解为多个模块，每个模块具有多个任务，每个任务包含多个知识点。这样的教材就是理论知识与实践相结合的典型案例教材，它将知识的传授与生产劳动、社会实践相结合的岗位能力培养关联起来；理论知识与实践经验有机结合，学生不仅在上机操作和动手能力上得到了加强，而且也掌握了人才培养方案和教学大纲所要求的理论知识，同时也培养了学生的工作岗位素养和创新能力。

例4-6：结合一个典型案例编撰教材，通过对该案例不同侧面的分析、学习与研讨，形成本课程所要求掌握的知识与技能。如图4-10所示，由中国人民大学出版社出版的《财务报表分析》教材，采用以一个能贯通全书的案例为主，设计案例导航的体例结构。它按照财政部颁布的《企业会计准则——基本准则》和《企业会计准则——应用指南》的概念体系和报表体系，以青岛海尔2013—2017年财务报表为主要案例，进行与之相对应的财务分析设计，设置了财务报表分析综述、资产负债分析、利润分析、现金流量分析、企业盈利能力分析、企业偿还能力分析、企业营运与增长能力分析、财务报表综合分析8章，案例选择和安排上与当时的政策层面准则联系密切，针对性和实用性强，有利于学生掌握财务分析的知识与技能。

（2）流程式案例导航体例 教学工作在某些方面也可借鉴工程作业的方法，如借鉴工作流程设计教材的体例。要全面了解工作流程，就要用工作流程图。工作流程图可以帮助管理者了解实际工作活动，消除工作过程中多余的工作环节、合并同类活动，使工作流程更为经济、合理和简便，从而提高工作效率。工作流程图可以通过适当的符号记录全部工作事项，用以描述工作活动流向顺序。工作流程图由一个开始点、一个结束点及若干中间环节组成，中间环节的每个分支也都要求有明确的分支判断条件。所以，工作流程图对于工作标准化有很大的帮助。

图4-10 以贯通全书的案例开展案例导航

案例教学和流程教学的配合可以让学生理解课程内容框架及各部分内容之间的关系，因此，在教学活动和教材编排过程中可以将具体的案例和工作流程结合起来，使学生知课程全貌，学各环节重点，提升学习质量。

例4-7：高等教育出版社出版的《急救护理》教材旨在培养护理专业学生的综合急救素质，使学生走上工作岗位能更快地适应角色，胜任急救护理工作。针对护理专业学生理论知识较强，动手能力较差，理论与实际脱节，而传统的教育培训方式注重急救理论与技能分项教授，缺乏临床实用性等状况，作者打破传统教材知识结构层次，遵循"从临床中来，到教学中去，再回归临床"的原则，收集临床的真实急救案例，编写了贴近临床、强调实用性、并依据学生认知特点以及岗位特性的案例版《急救护理》教材。该教材依据急救案例，以急救护理流程为框架，如图4-11所示，贯穿急救理论知识以及急救操作技能于急救流程之中，让学生在急救过程中边学边做，以培养学生的急救意识、急救思维、应急能力及实际动手能力，将理论知识、操作技能、临床实践三个维度相互交错、相互渗透，构成一个可供学生空间想象、立体感受的三维模型，在临床见习中让学生运用学到的急救理论及技能进行实践。

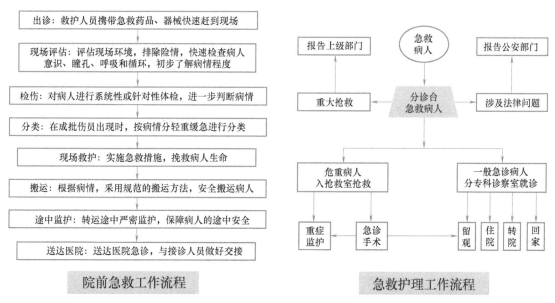

图4-11 急救护理工作流程节选

首先导入案例，从急诊护士接触患者开始到患者急救成功或失败离开急诊科，按急救护理流程进行学习，完成急救任务。从接诊开始，要求学生通过案例所给的学习任务，以急救流程为引导，以前面所学的标准为基础，组织抢救。从到达急救现场开始，判断意识、呼救等按急救流程逐一讲解，同时学习这一阶段的操作，了解这一阶段会用到的急救器材（通气导管、人工呼吸面罩、简易呼吸器、除颤仪等），依据临床现实工作的流程，学会急救操作技术，按学习任务安排临床见习。以小组为单位，再次通过案例进行急救演练，依据急救任务的不同，有的章节会强调医护配合及团队大型急救流程，如灾难性急救等，满足学生更高层次的需求。临床见习按照学习任务分类见习，到急救现场感受，并学习操作技术。如图4-12所示为针对急性中毒救护流程而安排的一章，既是典型案例，又结合"院前急救工作流程"和"急救护理工作流程"举一反三开展教学。

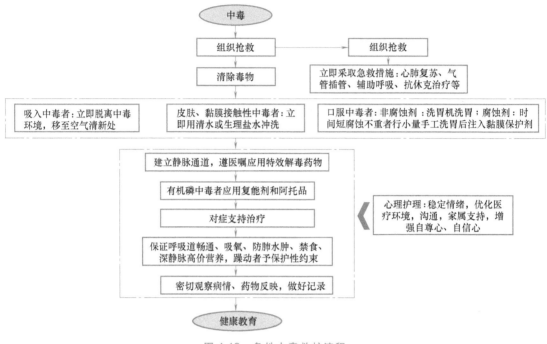

图 4-12　急性中毒救护流程

（3）糖葫芦式案例导航体例　在一个工作领域，往往会遇到形形色色的问题。这些问题同类但不同项，需要研究分析问题和寻找解决问题的方法。前述的贯通式案例导航体例和流程式案例导航体例比较适用于大的案例，系统性比较强。面对众多且变化比较快的事务，糖葫芦式案例导航体例则比较适合。

例 4-8：由中国人民大学出版社出版的《电子商务实战案例》教材，其设计思路是面对电子商务发展变化，岗位更新迭代频繁，但作为学历教育则需要考虑人才成长规律和教学基本规律，协调产业发展和人才培养之间的矛盾，采用案例研究法组织教材内容和体例，这是一种创新之举。该教材的体例框架如图 4-13 所示。

如配套"服装结构与工艺"课程的教材，其时代性强，需要针对市场流行变化，选择当季款式作为典型案例，如淘宝款、国际品牌的走秀款、实物样衣款等。这些系列前卫的案例源自市场上的新款服装，年年季季有新款式面市，用新案例来迭代老案例是这类教材的特点。因案例的多样性，教材季节性新增案例无法做到。此时，解决课堂教学活动之需——"云端"的资源库就能发挥其独到作用，教师和学生根据教学与学习需要按需选用案例，供学习交流之用。

例 4-9：由机械工业出版社出版的《SolidWorks 2016 基础与实例教程》教材，是作为机电设备类专业选修课教材开发的，起因是苏南地区机电设备类中小企业需要职业院校机电设备类专业毕业生能掌握这类学习难度不是很大的专门绘图软件，以胜任进出口产品的设计、工艺编制、标书方案设计等工作需要。该教材除了第一章"认识 SolidWorks 2016"外，其余各章都安排了案例。该教材将专业设计元素和理念多方位融入案例，从案例中引出"命令"的学习，理实一体，将项目设计时的思路、流程、方法、操作技巧和操作步

图 4-13　糖葫芦式案例导航体例（一）

骤介绍给学习者。该教材的内容不是学习理论知识，而是学习实践知识和经验知识，是在学完"机械制图"类课程后的选修课程所需要的专门化教材，教材设计是基于案例导航的教学目的，如图 4-14 所示。

第1章　认识SolidWorks 2016

第2章　绘制草图　　　➡　■ 拐件、桃型压板……

第3章　实体建模特征　➡　■ 叉类零件、底座类零件……

第4章　实体特征编辑　➡　■ 支座类零件、轴套类零件……

第5章　零件设计技术　➡　■ 桥接类零件、支架套零件……

第6章　曲线和曲面设计➡　■ 鼠标外壳、钢盘类零件……

第7章　装配体设计　　➡　■ 凸轮摇臂机构、球阀……

第8章　工程图设计　　➡　■ 轴类零件、拔叉类零件……

图 4-14　糖葫芦式案例导航体例（二）

4.2.5　混合式体例

教育部关于印发《职业教育专业目录（2021 年）》的通知（教职成〔2021〕2 号）首次将职业教育的专业目录进行了一体化设计，将中等职业教育、高等职业教育专科、高等职业教育本科专业纳入了 19 个专业大类中。其中，对于职业教育的人才培养目标有个模板："本专业培养理想信念坚定，德、智、体、美、劳全面发展，具有一定的科学文化水平，良好的人文素养、职业道德和创新意识，精益求精的工匠精神，较强的就业能力和可持续发展的能力；掌握本专业知识和技术技能，面向×××（C）行业的×××（D）职业群（或技术领域），能够从事×××（E岗位群或技术领域）工作的高素质劳动者和技术技能人才（中职）/高素质技术技能人才（高职专科）/高层次（复合型或创新型视情选用）技术技能人才（高职本科）。"其中"C、D、E"是指"职业面向"表中的代码，见表4-2。

　　文件要求对照《职业教育专业目录（2021年）》（以下简称《目录》）和专业简介等，全面修（制）订并发布实施相应专业人才培养方案，推进专业升级和数字化改造。各职业院校要根据《目录》及时调整优化师资配备、开发或更新专业课程教材，以《目录》实施为契机，深入推进教师、教材、教法改革。考虑到职业教育的层次，中职的专业要兼顾基础教育的属性，高职本科的专业也要考虑一定的学科性，在制订高职本科的专业简介时，课程体系上要考虑兼容普通本科教育同类专业的专业基础课内容，便于学生日后考研或继续学习。

表 4-2　职业教育专业目录职业面向表

所属专业大类 （代码）	所属专业类 （代码）	对应行业 （代码）	主要职业类别 （代码）	主要岗位群或 技术领域举例	职业类证书 举例
A	B	C	D	E	F

　　职业教育课程内容十分繁杂，所以教材的体例亦呈多样性。除了前述提到的几种体例外，有些教材体例则是呈综合性的。其分成两部分，第一部分是基础知识，第二部分是理论知识的应用。虽然这类教材的内容组织比较传统，但从整部教材的内容选择和编撰理念上都体现了任务驱动、项目导向、案例导航等职教教材的特色，教材在市场上受欢迎程度比较高。

　　例4-10：由机械工业出版社出版的《机械制图与零部件造型测绘》教材，是配套机械设计制造类专业的专业基础课程所用的教材。该教材分为两个部分：第一部分有两个单元，单元一、单元二侧重于制图投影理论的学习与运用，以培养制图的基本技能为重点；单元三～五侧重于对理论知识的综合运用，通过案例实施突出实际应用能力的训练，凸显"做中学"。该教材的体例如图4-15所示。

第一部分　理论知识
单元一　平面图形的绘制
单元二　简单零件三视图的绘制
　　将机械工程图学的理论方法、仪器测绘、计算机绘图及现行国家标准等融为一体。

　　该部分着力于制图理论知识传授和基本绘图技能的培养。

第二部分　理实一体（做中学）
单元三　典型零件的测绘与造型
单元四　标准件与常用件的绘制
单元五　机械部件的识读与测绘
　　将理论知识点融入真实的案例中，通过配备大量企业生产实际中的零部件案例及三维造型，以例代理，便于学生理解与掌握。

　　该部分着力于实践技能的强化。

图 4-15　混合式体例（一）

例 4-11：中国农业出版社出版的《果树生产技术》（南方本）教材是以我国南方果树实用生产技术为主线，根据果树生长发育规律以及南方果园田间生产和管理的相关技术编排知识体系，以果树生产技术相关理论阐述为基础，突出了果树生产操作技能的培养。该教材在内容上融入了果树生长发育和果园田间生产管理等方面的研究新成果。该教材的体例如图 4-16 所示。

第一部分　果树生产基础知识	第二部分　南方常见果树生产技术
单元1　果树分类	单元6　葡萄优质生产技术
单元2　果树生长发育规律	单元7　桃优质生产技术
单元3　果树种苗繁育	单元8　草莓优质生产技术
单元4　果园建立与改造	单元9　梨优质生产技术
单元5　果园田间管理	单元10　蓝莓优质生产技术
	单元11　火龙果优质生产技术
	单元12　猕猴桃优质生产技术
	单元13　柑橘优质生产技术
	单元14　杨梅优质生产技术
	单元15　杧果优质生产技术
	单元16　核桃优质生产技术
	单元17　其他果树优质生产技术

图 4-16　混合式体例（二）

4.3　X 配套教材的体例

X 证书配套教材属于培训教材。培训教材开发紧贴职业标准开发。专家陈老宇在"新职业新技能（七）职业分类和职业标准"中介绍了《中华人民共和国职业分类大典》（以下简称《大典》）的重要贡献是，在广泛借鉴国际先进经验（特别是《国际标准职业分类》ISCO-88）和深入分析我国社会职业构成的基础上，突破了过去以行业管理机构为主体，以归口部门、单位甚至用工形式来划分职业的传统模式。1999 年版《大典》采用了以从业人员工作性质的同一性作为职业划分标准的原则；到 2015 年版《大典》修订时，将此定义调整为："以工作性质相似性为主，技能水平相似性为辅。"并对各个职业的定义、工作活动的内容和形式、工作活动的范围等做了具体描述，体现了职业活动本身固有的社会性、目的性、规范性、稳定性和群体性的特征。随着现代经济和技术的迅速发展，以及劳动力市场需求的迅速变化，要求职业教育培训和资格认证具有更强的综合性、灵活性和可迁移性。职业教育培训和职业资格认证的发展总趋向是：科目设置的宽泛化和培养目标的通才化。拓宽专业领域口径，增强适应范围，减少科目设置数量是职业教育培训的基本要求，如图 4-17 所示。

图 4-18 所示内容反映了国家职业标准宽与窄的案例。车工和铣工的职业技能标准所涵盖内容比较宽泛，属宽口径工种，车工和铣工所对应的工作装备有微型、小型、中型和

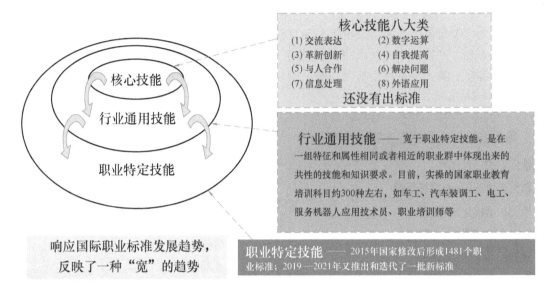

图 4-17　国家职业标准体系分层模型

大型等，有普通机床和数控机床；持有车工或铣工职业资格证书者并不一定能胜任某一具体的岗位工作职责要求，但有证书做基础，稍作培训即可上岗。我国产业工人队伍非常大，人社部开发的国家职业标准目前尚难解决所有问题，故图 4-18 中的钳工就有多个工种证书，根据行业实际需要设置工种。

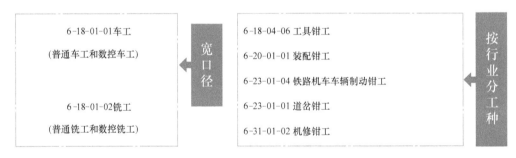

图 4-18　国家职业标准宽与窄的案例

　　职业教育专业课教材与 X 证书培训教材是有不同之处的，如图 4-19 所示。首先，职业技能等级标准的初、中、高三种证书所面向的工作岗位和专业从现有 4 个批次的实际情况来看，一般都各大于 10 个，有些证书达数十个（培训评价组织一方面是基于国家职业标准和产业发展实际，另一方面也有占领职业教育市场的考虑），而一般的专业所面向的岗位包括就业主岗位、拓展岗位和升迁岗位共 6 个左右。如果某个 X 证书属工具类的，则教材内容的指向比较清晰；如果 X 证书不是工具类的，则属宽口径证书，需要从所面向的众多岗位及其岗位任务中精选内容。

　　第二个不同是职业教育专业教材的开发依据是课程标准，而 X 证书培训教材的开发依据是职业技能等级标准。课程标准的要素和结构比较清晰，但职业技能等级标准只包括工作领域、工作任务和技能要求三大块，不如课程标准翔实。

　　第三个不同是职业教育专业教学主要是理实一体，即"做中学"和"学中做"。但 X

证书培训主要是强化技能训练，重实操。

第四个不同是职业教育专业课程的考核一般以优、良、及格、不及格四级分档，且考核成绩至少包括平时成绩和考试成绩，故教材内容编排上需要考虑这些因素；而 X 证书以最终考核定论，分合格和不合格两级分档，它在教材内容选择和组织上要考虑考证要求（若干模拟试卷）和阶段检测（仅做测试之用，并不为取证依据），服务学生培训与考证需要。

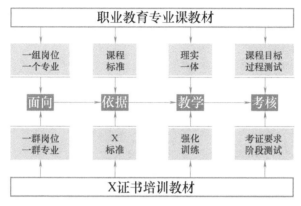

图 4-19　职业教育专业课教材与 X 证书培训教材的不同

因此，X 证书培训教材在体例设计上与一般的专业课程教材有所不同。

4.3.1　X 配套教材的项目/任务式体例

目前各大出版社出版的 X 证书培训教材基本上是一个证书（初级、中级或高级）配套一部教材。下面这部 X 培训教材安排的内容总量及教学强度是 8 个学分，中间不设测试内容，即不考虑过程考核内容，以最终的考证考试为取证依据。一般而言，X 配套教材编撰大多采用项目/任务式体例。其体例如下（不唯一，可参考）：

1. 项目/任务式体例 1

> **项目 1**　＊＊＊＊＊＊＊＊＊＊＊
> 　任务 1　＊＊＊＊＊＊＊＊＊
> 【参考学时】
> 【职业技能】
> 【知识目标】
> 【设备要求】
> 　任务 1.1　＊＊＊＊＊＊＊＊＊＊
> 　　知识储备
> 　　任务实施
> 　任务 1.2　＊＊＊＊＊＊＊＊＊
> 　　知识储备
> 　　任务实施
> 　任务评价（设置任务评价表或由任课教师设定评价表）

```
    任务 2 * * * * * * * * * *
       ...
  项目 2   * * * * * * * * * *
       ......
```

例 4-12：第三批证书（第 36 号）《工业机器人集成应用职业技能等级标准》的配套教材《工业机器人集成应用（ABB）初级》（高等教育出版社）教材体例。

项目 1   工业机器人系统认知与搭建

任务 1.1   识读工作站技术文件

参考学时：共 4 学时，相关知识学习 2 学时，练习 2 学时。

职业技能：能识读工作站方案说明书；能识读工作站机械装配图、气动原理图
和电气原理图。

知识目标：了解方案说明书的作用与内容；了解机械装配图的作用与内容；了
解气动、电气图的作用与内容。

设备要求：工业机器人集成应用平台及相关技术文件。

1.1.1   识读方案说明书

知识储备……

任务实施……

1.1.2   识读机械装配图

知识储备……

任务实施……

1.1.3   识读气动原理图

知识储备……

任务实施……

1.1.4   识读电气原理图

知识储备……

任务实施……

任务 1.1   的任务评价

任务 1.2   工作站模型搭建

...

1.2.1   三维建模软件认知与操作

...

1.2.2   装配体创建与组件装配

...

任务 1.2   的任务评价

项目 1 的知识测评

　　一、选择题

　　　……

　　二、问答题

　　　……

项目 2　工业机器人系统安装

　　任务 2.1　工作站安装

　　　……

项目 3　工业机器人系统程序开发

　　　……

项目 4　工业机器人周边设备程序开发

　　　……

项目 5　工业机器人系统调试

　　　……

2. 项目/任务式体例 2

项目 1　＊＊＊＊＊＊＊＊＊＊

　　任务 1　＊＊＊＊＊＊＊＊＊＊

　　【任务目标】

　　【知识准备】（理论知识）

　　【任务分析】

　　【任务实施】

　　【任务评价】（自我评价、小组评价和指导教师评价）

　　【任务测评】（相当于思考题）

　　任务 2　＊＊＊＊＊＊＊＊＊＊

　　　……

项目 2　＊＊＊＊＊＊＊＊＊＊

　　　……

例 4-13：第三批证书（第 37 号）《工业机器人装调职业技能等级标准》的配套教材《工业机器人装调教程（新松）》（机械工业出版社）教材体例。

项目 1　工业机器人安全操作认知

……

项目 2　学习工业机器人的基础知识和操作工业机器人

　　任务 2.1　学习工业机器人的基础知识

【任务目标】

1) 认识工业机器人的关节结构

2) 熟悉工业机器人的性能指标

3) 熟悉机器人的位姿与坐标系

4) 认知工业机器人的驱动系统

5) 认识工业机器人的末端夹具

6) 认识工业机器人的控制系统

【知识准备】

一、工业机器人概述

二、工业机器人系统构成

【任务分析】

认识工业机器人的各个关节结构,熟悉工业机器人的性能指标,熟悉机器人的位姿与坐标,认识工业机器人的驱动系统、执行机构、控制系统和传感系统。

【任务实施】

步骤一、认识工业机器人的本体结构。

步骤二、认识工业机器人的控制器。

步骤三、认识工业机器人的示教器。

步骤四、使用示教器进行机器人的单轴运动。

【任务评价】

自我评价……

小组评价……

指导人员评价……

【任务测评】

1) 机器人本体结构有哪些基本组成部分?

2) 机器人本体运动轴有哪些?各有什么作用?

3) 示教器中的不同按键各有什么作用?

4) 是否能够手动操作机器人实现各轴的运动?

以上所举的两个项目/任务式体例基本是根据X证书上的工作领域——设置项目、工作任务——设置任务、职业技能——设置子任务的逻辑来编排体例的根据工业机器人最常用的6自由度机器人、码垛机等典型机器人作为培训教材的主要内容进行组织和编撰，基本上遵循了职业教育从特殊到一般、从形象到抽象的教学规律，"先横后纵"安排内容，走先单项训练后综合训练的路子。

体例1与一般专业课程的配套教材体例差别不大，呈现的体例结构更侧重于培训要求，便于教师备课和学生学习。体例2与体例1有着一定的差别，体例2亦属准细纲式教材的体例结构，它将初级、中级和高级证书所需要的配套教材进行合本编撰（可能因机器人品牌多样，如新松、ABB、FANUC等，需要并行编撰多部教材，工作量大的原因），采用了混编模式。虽然该教材内容精练，结构紧凑，但对学生课后的自习带来一定的难度。作为补充，需要在"云端"提供大量的辅助学习材料，便于教师备课、授课和培训，为学生提供学习支持。

4.3.2　X配套教材的模块式体例

目前面市的X证书培训教材中模块化教材是个小众教材，较难从市场上购得这类教材，其主要原因是职业技能等级标准的内容大多没有这类结构。这类教材的外形态可以是活页式的，也可以是单行本的，特殊的情况虽然是合订本教材，但其体例结构上呈模块化的。

模块式体例：

模块一　根据课程所定的工作领域确定模块名

【单元一】根据该工作任务确定单元名

【单元二】根据该工作任务确定单元名

……

【结合线上资源开展训练】

【同步测试】设置测试题，进行案例分析等

模块二 根据课程所定的工作领域确定模块名

【单元一】根据该工作任务确定单元名

…

【结合线上资源开展训练】

【同步测试】设置测试题，进行案例分析等

……

例 4-14：第二批证书《网店运营推广职业技能等级标准》的配套教材有三部：《网店运营基础（初级）》《网店推广（中级）》《网店运营（高级）》（高等教育出版社出版）。这三部教材就是运用了模块式教材的编写方式（合订本式）。表 4-3 是网店运营推广职业技能等级初级证书的内容，《网店运营基础（初级）》教材针对其相对独立的三个工作领域，"电子商务平台操作""网店装修"和"网店客户服务"安排体例结构。虽然该教材采用的是合订本形式，但在教学过程中可根据实际的教学安排将各个模块进行拆分或另外组合。

表 4-3 网店运营推广职业技能等级初级证书节选

工作领域	工作任务	职业技能要求
1. 电子商务平台操作	1.1 商品上传与维护	……
	1.2 营销活动设置	……
	1.3 日常订单管理	……
2. 网店装修	2.1 首页设计与制作	……
	2.2 详情页设计与制作	……
	2.3 自定义页设计与制作	……
3. 网店客户服务	3.1 客户问题处理	……
	3.2 交易促成	……
	3.3 客户关系维护	……

《网店运营基础（初级）》教材的体例：

模块一　网店开设
　　单元一　网店开设准备
　　单元二　网店申请与开通
　　单元三　电子商务法律法规
模块二　网店装修
　　单元一　首页设计与制作
　　单元二　详情页设计与制作
　　单元三　自定义页设计与制作
模块三　网店基础操作
……
模块四　网店客户服务
……

《网店推广（中级）》教材的体例：

模块一　网店推广认知
……
模块二　SEO优化
……
模块三　SEM推广
……
模块四　信息流推广
……

《网店运营（高级）》教材的体例：

模块一　运营认知
……
模块二　网店规划
……
模块三　商品运营
……
模块四　流量获取
……

　　这三部模块化体例结构的教材基本上是根据《网店运营推广职业技能等级标准》中的工作领域、工作任务和职业技能要求选择内容并组织编撰，虽然各模块之间有较强的关联，但可以按需拆分和重新组合。如果开展1+X书证融通，这些模块则能与相对接的专业进行课程体系和课程标准的重组，也为新教材开发奠定了基础，提供了教材开发的内容。

例 4-15：第二批证书《智能财税职业技能等级标准（初级）》的配套教材《智能财税基础业务》（高等教育出版社出版）有三个模块："社会共享初级代理实务""社会共享初级外包实务"" 社会共享初级企业管家"。三个模块呈并行配置，独立发挥学习培训作用，分为：初级-1、初级-2、初级-3（三个分册合订成活页式教材形式）；每个模块按初级证书的工作领域、工作任务和职业技能要求选择内容并组织编撰，单独成册。这三个模块教材的体例结构如图 4-20 所示。根据 1+X 证书制度试点院校的专业对接需要，可选择其中某一模块进行专门学习培训。

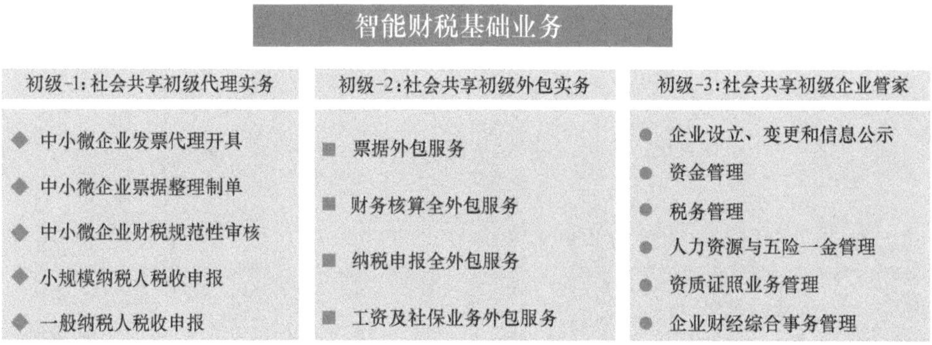

图 4-20　《智能财税职业技能等级标准（初级）》配套教材模块式体例

4.3.3　X 配套教材的案例式体例

X 配套教材中有一部分属案例式体例，也有一部分是混合式案例体例，视 X 标准的具体情况和配套教材编者的开发思路和所掌握素材的丰富程度而定。

《界面设计职业技能等级标准》（中级）证书的工作领域有三大块：交互设计、动效设计、网页设计。一般而言，中级证书面向高等职业学校专业，该标准面向的专业：艺术设计、视觉传达设计、广告艺术设计、数字媒体艺术设计、产品艺术设计、公共艺术设计、动漫设计、游戏艺术设计、美术、数字媒体技术、移动应用开发、电子商务、工业设计、电子信息工程技术、虚拟现实技术应用等专业。该标准面向的岗位：主要面向 IT 互联网企业、互联网转型的传统型企事业单位、政府部门，产品界面设计师。其职业技能要求：能够对需求进行挖掘分析，独立完成各种类型的界面设计（包括但不限于 APP 界面设计、小程序界面设计、H5 界面设计及后台界面设计等）；优化视觉，对接技术产品推动产品上线；掌握动效设计，并了解网页设计基础，掌握 Web 界面设计能力等。

图 4-21 所示为《界面设计职业技能等级标准》（中级）配套教材《界面设计（中级）》（高等教育出版社出版）的糖葫芦式案例体例框图。该教材根据中级证书的三大工作领域："交互设计""动效设计""网页设计"，将腾讯"企鹅背单词"小程序交互设计、"中国地名大会"小程序界面动效设计和腾讯课堂 Web 网页设计三大项目串接起来，形成糖葫芦式案例体例，满足证书培训的教学需要。因《界面设计职业技能等级标准》由腾讯云计算（北京）有限责任公司开发，其丰厚的案例积淀足以将该教材编撰出特色。

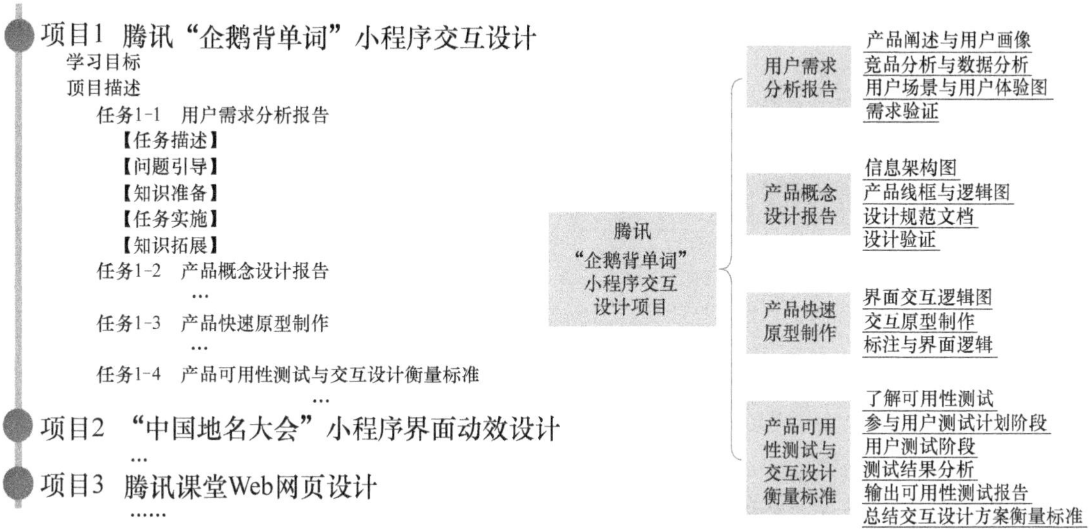

项目1 腾讯"企鹅背单词"小程序交互设计
  学习目标
  项目描述
    任务1-1 用户需求分析报告
      【任务描述】
      【问题引导】
      【知识准备】
      【任务实施】
      【知识拓展】
    任务1-2 产品概念设计报告
      ⋯
    任务1-3 产品快速原型制作
      ⋯
    任务1-4 产品可用性测试与交互设计衡量标准
      ⋯
项目2 "中国地名大会"小程序界面动效设计
    ⋯
项目3 腾讯课堂Web网页设计
    ⋯⋯

腾讯
"企鹅背单词"
小程序交互
设计项目

用户需求
分析报告
  产品阐述与用户画像
  竞品分析与数据分析
  用户场景与用户体验图
  需求验证

产品概念
设计报告
  信息架构图
  产品线框与逻辑图
  设计规范文档
  设计验证

产品快速
原型制作
  界面交互逻辑图
  交互原型制作
  标注与界面逻辑

产品可用
性测试与
交互设计
衡量标准
  了解可用性测试
  参与用户测试计划阶段
  用户测试阶段
  测试结果分析
  输出可用性测试报告
  总结交互设计方案衡量标准

图 4-21 《界面设计职业技能等级标准》（中级）配套教材糖葫芦式案例体例

第5章 职业教育教材的单元结构与数字化配套资源

CHAPTER 5

职业教育教材一般是对某专业现有知识和成果进行综合归纳和系统阐述,亦将生产、技术、服务和管理等一线的新技术、新工艺、新规范、新要求和教学研究新成果纳入其中,具有职业性、实用性、区域性、特色性等特征。教材内容及其组织是教材的主体部分,是衡量职业教育专业或院校教育水平的重要标志。教材是课程标准的具体化,通常按照学期(亦有少数按学年)设计教学强度,划分单元或章节。在"互联网+"的背景下,教材各单元或章节需要配置有利于教与学的数字化教学资源。

5.1 职业教育教材的单元结构

教材的传统编写模式就是章节式,这已被大家熟悉。随着职业教育的改革发展,教材的编写方式也在发生变化,在职业教育教材市场能看到各种各样的编写模式。单元式介于章节和项目/任务式编写模式之间,就是每个单元下面既有传统的节(知识的介绍),还有综合实例。也有的单元式其实就是章节式。本书编撰既考虑了职业教育学历教育的教材编撰问题,也考虑了 X 证书配套教材的编撰问题,故采用"单元"作为教材的基本组成部分,也显得中性一些;但遇特殊需要,也会使用到章节等概念。

5.1.1 职业教育教材单元的一般结构

编撰教材需要确立学习单元的结构形式。单元结构有许多种,但总能梳理出一般结构,图 5-1 所示是作者通过查阅多种职业教育教材后推出的职业教育教材单元(章节)结构框图。当教材的内容确定之后,就要进入内容组织的工作阶段,大多数职业教育教材的单元不会超过 10 个,但也有例外,如农林牧渔专业大类的一些教材设置的单元有近20 个。

装备制造大类专业的教材在设置学习单元时多以章节、项目、模块形式呈现;财经商贸大类专业的教材在设置学习单元时多以模块、情境等形式呈现;对于以上表达都不契合的教材,则可以直接用单元来体现。实际的教材编撰是作者与出版社编辑共同协商的结果,在平衡各方诉求后采取某一种结构。

无论学习单元以何种形式体现,都应该满足以下要求。

1)有一个轮廓清晰的教学任务说明,通过学习获得学习成果,且这种学习成果应具有一定的应用价值,至少对本教材其他单元或关联课程有支撑作用。

2)能将某一学习任务的理论知识和实践技能结合在一起。

3）根据课程标准，学习内容必须反映基本学习要求；学生对此的习得应有个基本的认知，需要有个自测的设计。

4）单元内容安排要有梯度，具有一定的难度，不仅是已有知识和技能的应用，而且还要求学生运用已有知识，在一定范围内学习新的知识技能，解决学生自己过去从未遇到过的实际问题。

在单元设计中需要考虑其内容与组织如何贯彻"最近发展区"理论。"最近发展区"理论是由苏联教育家维果茨基提出来的，其内容十分好理解。维果茨基认为，学生的发展有两种水平：一种是学生的现有水平，指独立活动时所能达到的解决问题的水平；另一种是学生可能的发展水平，也就是通过教学所获得的潜力。两者之间的差异就是最近发展区。我们的教学应着眼于学生的最近发展区，挖掘学生的潜能，使其超越最近发展区而达到一个较高的水平。最近发展区理论的核心内涵是强调学习先于发展并促进发展。它对认知发展与教学关系以及教学促进认知发展的职业教育实践教学同样有着重大的指导意义。职业院校学生的学情丰富多样，单元内容要考虑最近发展区，进入教学实施层面则需要教师因材施教。

高等职业教育有个"状态数据采集与管理平台"，该平台规定了 A、B、C 三类课程模式。A 类课程指理论类课程，主要教授知识，以专业基础课为主；B 类课程指理实一体化课程，以专业课为主；C 类课程属纯实践类课程，以实训课为主。

A 类课程以理论为主，其教材一般就是章节式；B 类课程属理实一体化的，其单元可以是章节式，也可以是模块/单元等形式，前几个单元可以是理论知识，后面的单元是前面理论知识的综合实例或实训；C 类课程属实践类的课程，其单元一般以项目任务式居多，但也不绝对，还是根据课程具体要求来定教材内容。

图 5-2~图 5-4 所示为 A、B、C 三类课程相关的教材单元结构，供研讨。

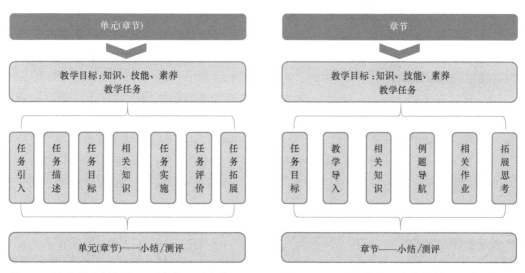

图 5-1　职业教育教材单元（章节）结构框图　　　　图 5-2　职业教育教材章节结构（A 类）框图

每一个学习单元包含教学任务引入、任务描述、任务目标、相关知识、任务实施、任务评价和任务拓展等要素。不同的职业教育教材可以根据自身的特点，选择部分或全部的结构层次。每一个部分的具体命名可以根据教材特点进行调整。

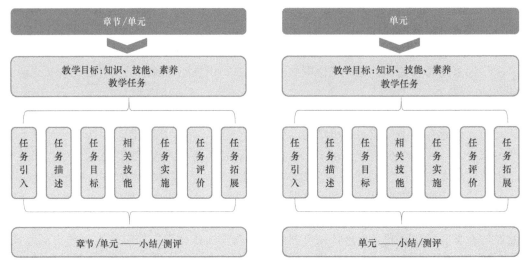

图 5-3　职业教育教材章节/单元（B类）结构框图　　图 5-4　职业教育教材单元结构（C类）框图

5.1.2　职业教育教材单元的组成要素

每一个学习单元包含教学任务引入、任务描述、任务目标等要素。每一个要素的内涵需要明确。

（1）单元教学任务引入　用于介绍学习单元的设计背景、设计思路、任务来源等，引出相关的教学单元整体介绍。

（2）单元教学任务描述　简短但清晰地描述完成该任务的具体要求，包含学习要求（如对象、工具、耗材等）、整个学习情境和各个阶段的时间要求；视课程特点，必要时需要明确有关教学组织、教学评价、展示学习情境和进行归档处理的方式。

（3）单元教学任务目标　对于单元的教学目标可以从知识、技能、职业素养三个维度进行描述，也可以只从知识和能力的维度进行描述；教学单元的学习目标需要覆盖课程标准对该单元所要求的内容。

（4）单元教学相关知识　该单元教学任务实施所需的必要的相关知识，需要注意内容选取的多少和教材的编写量（学习强度和单元字数）；教学任务所涉及的前导课程的相关知识，可以直接使用或采用教材附加资源或学习提示的方式给学习者以指导。

（5）单元教学任务实施　从教学方法层面而言，教无定法，只要得法。但作为教材单元编撰，既要结合任务目标的要求，也要考虑在特定任务情境中的必要性和可能性，还要体现作者教学经验积累所反映的特色。

（6）单元教学任务评价　对于单元的教学任务评价，可以通过设置作业、思考题、问答题等载体来评价；在评价方式上可以设计一些学生自评、小组互评、教师评价等多元评价方式。

（7）单元教学任务拓展　这方面内容可分成两部分，一部分融合于单元内容中，在课程标准所定基本范围内做一定的难度梯度设计；另一部分是基于学情考虑，让一部分学有余力的学生"跳一跳、摘果子"。单元教学任务拓展的目的既是最近发展区的理论贯彻，实际上更是"双创"教育的载体设置需要。

图 5-2 所示是配套 A 类课程的教材单元结构。该类课程属专业基础课范畴，需要配套一定的学科知识，比较符合传统教材编撰模式，先理论教学，后结合例题加深理解，通过作业巩固所学知识，最后再设置一些思考题和"云端"问题，助推举一反三。

图 5-3 所示是配套 B 类课程的教材单元结构。理实一体化课程是职业院校采用得最广泛的一种课程模式，这类课程需要在两种课堂上组织教学，既要在拥有信息化条件的课堂上开展教学活动，也要在拥有模拟仿真情境的实验实训场所组织教学，故对单元编撰就带来一个问题——如何反映教学所需要的软硬件资源。当然，教材编撰的依据是课程标准，课程标准中应该有这方面的介绍。作为单元内容设计要考虑这方面内容的安排和组织，使其具有一定的普适性。理实一体化课程配套的教材涵盖的范围比较广，从现在的教材市场上可以发现，有的教材采用章节结构，有的教材采用单元结构，没有一个特定的模式。

图 5-4 所示是配套 C 类课程的教材单元结构。这类单元的内容及其组织主要服务于实训类课程的教学需要，重点在相关技能培养，需要在院校的实训基地组织教学。在教材市场上关于专门为实训教学编撰的教材数量不多，究其原因，还是培训装备的五花八门，较难"对症下药"。实训教学一般分单项、专项和综合三类。单项实训所安排的时间不太长，故编撰单元级教材就够了，或采用模块式教材（小薄本）；专项要求则高一些，普适性较高的实训配套教材一般安排 2~3 个单元；综合性实训内容更多，要求更高，单元设计主要针对综合技能培养的某一分支，单元之间关联性强。目前的人社部证书、X 证书和品牌企业证书的配套教材及单元设计都可归入该研究领域。

5.1.3　X 配套教材的单元结构与组成要素

分析目前面市的 X 配套培训教材，其单元的设置或是根据职业技能等级标准的工作领域，或是根据工作领域中的工作任务，没有一个固定模式。通过专家梳理，可以发现单元结构和组成要素基本上遵循图 5-5 所示模式。

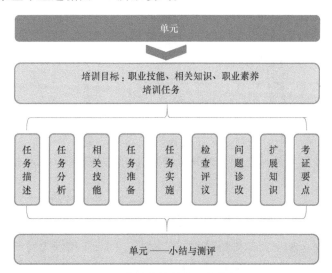

图 5-5　X 配套教材单元结构框图

每一个职业技能等级证书配套教材一般设计 7±2 个学习单元。这些单元的培训内容源自企业群调研，经梳理提炼得到一批典型案例；根据职业技能等级标准的要求和典型案例，进行单元内容选择和内容组织。根据职业技能等级证书的技术技能领域不同，培训单元表现形式有项目、章节、模块等。根据政策层面规定，培训评价组织负责编撰 X 证书配套培训教材，其单元形式由作者和出版社协商后确定，没有固定的形式。

X 证书配套培训教材的单元要素与职业教育教材既有相同之处也有不同之处。因该类教材需要适应较多的工作岗位和专业，故其单元组成要素也有一定特点。

（1）任务描述　该单元的培训目标在确定整部教材的单元结构时就明确了，故其培训任务描述需要提出要求学生完成的具体任务及要求，用文字和图表的形式表述为宜。

（2）任务分析　说明本单元任务所涉及的主要技能点和知识点，以及所要解决的主要问题等，为任务的具体实施做准备。

（3）相关技能　这是该单元的核心，根据所对应 X 证书中相应的要求，进行概括性描述，明确技术技能形成指标。

（4）任务准备　明确实施任务所需的软硬件、培训环境要求和消耗的器材情况等。

（5）任务实施　完成单元培训任务的具体工作步骤，也是一份单元培训计划，包括培训环境安全与保洁要求（体现 5S 管理要求）等。单元内容中也可安排如"教你一招"，即介绍实际工作中的一些经验、技巧；"师傅说现场"，即在企业现场实操中，实施同类任务会遇到的一些具体问题，可以用工厂一线师傅讲述亲身经历故事的形式来表达。

（6）检查评议　对单元任务的完成情况进行检查，并对各项重要环节进行赋值评分（评议形式可以多种多样，建议设计一些模板，提供方法论支持）。

（7）问题诊改　根据检查情况，总结出完成任务过程中时常会遇到的问题，研讨如何预防和改进问题的发生。问题诊断与改进应该是开放性的，亦应结合具体工作场景实际。

（8）扩展知识　不一定每个单元都设置这个内容，重点还是双创意识的融入。扩展知识可以是与本任务相关的前沿技术、工具、方法，也可以是重要的事件与人物等（如"想一想"：引发学生深入思考的小问题）。

（9）考证要点　这是该单元的重点之一，培训的目标就是要完成 X 证书的考证，该单元是考证中的一个部分，可进行相关的要点提示并提供样题和质量要求等。

5.2　职业教育教材的数字化配套资源

在"互联网+"背景下，教材的数字化配套资源建设是发展趋势。这是"十三五"以来的社会共识。职业教育教材单元如何开发好配套的数字化资源，具有很好的研究与应用价值。

5.2.1　职业教育教材的配套数字化教学资源建设现状

在职业教育教材市场上，二维码是教材的标配。目前使用较为普遍的二维码技术，是将配套的教学资源放在网络上，而在纸质教材的每个单元中则以二维码的形式出现，在重要知识点/技能点下方印刷二维码，学生可用移动端扫描，随时随地进行学习。二维码技术的应用，极大地促进了资源获取的便捷性；从先前的每个单元配置一批二维码到目前一些教材的"目录"前系统地呈现二维码索引表，见表5-1，以方便教材选用者选用教材，也是出版社的一种"卖点"和出版策略。

表 5-1 二维码索引表示例

名称	二维码	页码	名称	二维码	页码
※※※ 工作原理		××	※※※ 基本结构		××
※※※ 安装		××	※※※ 广告控件		××
※※※ 配置		××	※※※ 服务器控件 创建		××
※※※ 创建虚拟目录 更改发布位置		××	※※※ 工作任务 2		××

通过信息技术的融合与应用,为教材配套的数字化资源在教学内容选择、教学活动组织等方面提供了更多的可能。教材配套的数字化资源带来的不仅是教材内容结构的变革,也满足了新的教学模式要求和学生自主化学习的需求。纸质教材与云端的数字化资源有效融合,实现了教学内容的有效拓展和知识点/技能点的直观展现,对帮助学生理解重点、难点,提升教学效果大有益处。目前教材市场上常见的配套数字化资源见表5-2。作者通过信息渠道查阅了农林牧渔、土木建筑、装备制造、交通运输、电子与信息、医药卫生、财经商贸、旅游等大类专业的职业教育教材,发现各教材所配套的数字化资源参差不齐;经调查并分析了具体情况,得知这与出版社的实力和对教材编写者的出版要求不一也有关系。随着"十四五"期间职业教育教材市场的健康发展,教材的作者和出版社共同发力,这些问题有望得到解决。

表 5-2 目前配套教材的主要数字化资源

序号	类型	主要内容	服务对象
1	电子文档	以知识点及框架梳理为主,兼顾教学内容的形象化展现	教师与学生——依托计算机系统存取并在通信网络上传输和利用
2	视频	重点和难点知识/工作流程等讲解/呈现	学生——结合动画等信息技术手段提升学习效果 教师——创建资源,同行共享,有利于备课与教学
3	动画	较难原理性描述和复杂结构展现	学生——通过观看形象化动画,化解学习难点 教师——创建资源,同行共享,有利于备课与教学
4	AR 类资源	针对某个结构、运动或教学难点设计开发的,直观获取,增强体验感和浸润感	学生——化解学习难点,增强体验感和浸润感 教师——创建资源,同行共享,有利于备课与教学
5	典型案例	主题突出的列举及分析	学生——通过案例导航,深化学习内容 教师——创建资源,同行共享,有利于备课与教学

（续）

序号	类型	主要内容	服务对象
6	拓展阅读与训练	讲解与课程有关的拓展知识，包括创新意识培养内容	学生——加深与拓展学习内容，创新活动载体 教师——指导学习者学习与培训
7	项目/任务指导	基于方法论的工作流程或模板，指导难点突破	学生——通过借鉴、模仿与交流，综合运用所学知识完成项目/任务 教师——指导学习者，答疑解惑
8	测试（题库）	对所学内容的阶段性测试	学生——检测学习成果 教师——检测教学效果

5.2.2 职业教育教材的配套数字化教学资源建设趋势

根据《职业院校教材管理办法》、国家教材委员会关于印发《习近平新时代中国特色社会主义思想进课程教材指南》的通知（国教材〔2021〕2号）和《"党的领导"相关内容进大中小学课程教材指南》的通知（国教材〔2021〕5号）等文件精神，课程思政的内容也要纳入教材之中；由于疫情的影响，网课对授课质量提出更高要求，数字化资源建设要跟上；随着新技术（尤其是新一代信息技术）的快速发展，仅依靠纸质教材的更新周期作为教材新内容的补充是不够的，需要建立响应机制；基于学情，教学模式创新始终伴随着教学改革，作为教材的"云端"数字化资源建设迫在眉睫。职业教育教材单元的数字化配套资源建设将从以下三个方面发力。

1. 依托平台资源，有机融入课程思政元素，知识传授与价值引领相融合

目前，网上有关课程思政的信息很多，发生在学校所在区域的社区、企业和学校内部的正能量事例也很多，需要做好内容精选和对接工作，采用"基因融入"式数字化资源建设方法，润物无声地将课程思政元素落实到教材各单元的数字化资源建设和应用中。在2021年首届全国教材建设获奖名单上的许多职业教育教材，浏览其二维码，发现有些教材在学习"超链接标签"内容时，将具有法制宣传意义、展现家国情怀的网页链接起来；在学习"图片超链接"内容时，选用了展现抗疫精神的图片并做超链接，如图5-6所示，适时传递正能量；通过与专业紧密关联的素材梳理与选取，十分有利于教师在进行不同知识点讲解时，选用优质载体，开展课程思政，对其中蕴含的价值进行引导和适时传递，寓

图 5-6　青年抗疫突击队

价值观于知识传授中。

教材中有机融入课程思政元素，深度挖掘提炼专业知识体系中所蕴含的思想价值和精神内涵，科学合理地拓展专业课程的广度、深度和温度，进行工匠精神注解等是当前人才培养工作的必需。在教材中融入课程思政元素不仅仅是结合专业的一个个润物细无声的案例，更重要的是一种方法的指导，在开放性的数字化资源平台上可以选择更多的事例融入其中，尤其是对青年教师提升教学能力，对在学习该课程的青年学生有更多的收获，能够有效形成课程思政示范效应。

依托网络平台中优质的职业教育资源，有机融入课程思政元素，知识传授与价值引领相融合是教材编撰的一个创新点，也是数字化资源建设的一个发力点。

2. 校企合作，引入新技术，补充、迭代和完善"云端"数字化资源

素有智能制造"奥斯卡"之称的"灯塔工厂"，是指在第四次工业革命尖端技术应用整合工作方面卓有成效，堪为全球表率的领先企业，是"数字化制造"和"全球化4.0"示范者，代表当今全球制造业领域智能制造和数字化的最高水平。目前，全球"灯塔工厂"有90家。

2021年3月10日，据由中国人民大学重阳金融研究院主办的《逆势增长：疫情期"一带一路"进展评估》研讨暨研究报告发布会上披露的信息，截至2021年2月底，我国先后与140个国家、31个国际组织签署205份共建"一带一路"合作文件，反映出一派欣欣向荣的局面。以制造业为例：据产业时代数据中心（https：//xueqiu.com/4964213805/199568909）报道，2021年9月27日，世界经济论坛（WEF）正式发布新一期全球制造业领域"灯塔工厂"名单。截至目前，中国"灯塔工厂"数量已达31家（表5-3），是拥有"灯塔工厂"最多的国家，主要分布于3C电子、家电、汽车、钢铁、新能源等行业，其中，中国大陆工厂有28家。纵向来看，2020年两批次共新增10家，2021年两批次共新增15家，增速明显。

根据麦肯锡资深专家对中国"灯塔工厂"的研究发现，与其他国家相比，中国的制造商更愿意拥抱端到端全价值链数字化转型。与此同时，中国用户的个性化需求与日俱增、品牌竞争日趋激烈、电商业务蓬勃发展等，也都在倒逼中国企业开展端到端的数字化转型。

传统制造业通过数字化转型实现降低资源消耗、浪费和碳排放，提高生产效率和企业利润的效应已经在"灯塔工厂"得到验证。以三一重工北京桩机工厂为例，根据官方数据，该企业是全球重工行业首家世界"灯塔工厂"，代表在重工行业的中国实力；面对多品种、小批量的工程机械市场不断变化、日益复杂的需求，三一重工北京桩机工厂利用先进的人机协同、自动化、人工智能和工业互联网技术，将劳动生产率提高了85%，将生产周期从30天缩短至7天，减少了77%。

以"灯塔工厂"为代表的先进制造企业，其数字化技术和智能化生产能力并非仅为己所用，而是开放给上、中、下游的一些企业和制造工厂，既降低了中小企业数字化转型的技术门槛，也推动了整体产业智能化进程，连点成线，串珠成链，整条产业链都将从中获益。

表 5-3 中国"灯塔工厂"盘点

年份	企 业	所属行业	工厂所在地	年份	企 业	所属行业	工厂所在地
2018 年	海尔(1)	家用电器	青岛	2021 年	美的集团(2)	家用电器	顺德
	西门子	工业自动化	成都		纬创资通	电子产品	昆山
	博世(1)	汽车零部件	无锡		青岛啤酒	消费品	青岛
2019 年	富士康(1)	电子设备	深圳		富士康(2)	电子产品	成都
	丹佛斯商用压缩机	工业设备	天津		博世(2)	汽车	苏州
	上汽大通	汽车制造	南京		友达光电	电子设备	台中
2020 年	宝山钢铁	钢铁制造	上海		宁德时代	新能源	宁德
	福田康明斯	汽车制造	北京		中信戴卡	汽车	秦皇岛
	海尔(2)	家用电器	沈阳		富士康(3)	电子设备	武汉
	强生医疗	医疗设备	苏州		富士康(4)	电子设备	郑州
	宝洁	消费品	太仓		海尔(3)	家用电器	天津
	潍柴动力	工业机械	潍坊		群创光电	面板	高雄
	阿里巴巴	服装	杭州		三一重工	重工	北京
	美的集团(1)	家用电器	杭州		施耐德电气	工业自动化	天锡
	联合利华	消费品	合肥		联合利华	消费品	太仓
	美光科技	半导体	台中				

　　企业技术和管理的进步,必然会带来经济效益的提升,进而对职业教育提出了挑战。一批"灯塔工厂"的诞生和各省市评选出的智能制造标杆企业代表着中国经济的健康发展。这些企业的新技术、新工艺、新规范、新要求常变常新,要及时将这些有利于职业教育发展的优质资源信息融入专业教学中,最便捷的方式就是校企合作,通过梳理、精选、归纳和排序,做成一定颗粒度的数字化资源,融入每一个单元的云端数字化资源中;尤其是由企业提供的应用案例,往往设计内容多、技术综合、反映一线常用先进成果,作为数字化资源中的案例分析模块,最能体现技术应用场景。这些供教师和学生吸纳最新的先进企业的生产、技术和管理等信息,对提高教育教学质量恰到好处。

　　深化校企合作,引入新技术,补充、迭代和完善云端数字化资源是教材变革的趋势。相信"十四五"期间这方面的发展会更好。

　　3. 基于学情,适当冗余数字化资源,满足师生多方面的教与学需要

　　学情是指源自学习者自身的影响学习效果的一切因素的总和。它包括学生已拥有的知识、生活与工作经验、心理特征、成长规律、行为方式、思维方法、生活习惯、兴趣爱好、困难疑惑、情感渴望、心路历程等诸多方面。

　　学情是学生学习的晴雨表,学情与学生的成长息息相关,与教师的教学环环相扣。只有深入研究学情,密切关注学情,才能针对性组织教学,才能真正达到"以学定教、顺教而导"的理想境界,才能真正提高教学质量。

　　职业教育的生源来自多种渠道,既有普通中学升学而来,也有职业院校升入高一层次院校,另有从事工作后再次进入职业院校的学习者。学生来自五湖四海,入学者的学习基

础各异，但"就业导向"规定了职业教育是一种应用性教育和实用性教育。服务学生的成长成才是职业教育的应有之义，在执行专业教学标准的前提下，要适应学业基础不一、学习能力不一、学习成果追求不一的学习者的诉求，首先需要研究学情。

编教材不是编教案。教案是一种在教材基础上的二次开发，编教案希望有更多的素材供教师参考和选择，尤其在面对比较繁杂学情的背景下。配套教材的"云端"数字化教学资源的开发与完善是一个持续的过程，从顶层设计角度分析，尽管目前教师缺编运行是常态，但拥有一定办学规模的专业总能考虑分类和分层的教学安排，尽可能满足同一专业不同学习者的需求。故存入"云端"的数字化教学资源就有一个分层建设的问题，且每个层面所开发建设的资源必须有一定冗余度，方便教师和学生有选择地使用。

图5-7所示是一种期待，希望建成一个资源平台，上面汇聚了达标类数字化教学资源、提升类数字化教学资源和双创类数字化教学资源。这些数字化教学资源的建成必将满足目前教学工作的需要；在数字化教学资源管理制度创新环境下，教学过程中产生的新资源、学生的优秀作品、教师在服务企业过程中的典型案例、企业贡献的一线技术、生产和管理等案例将源源不断地输送至平台上。滚雪球式的数字化资源建设模式正是当前部分优秀教材的示范辐射结果。

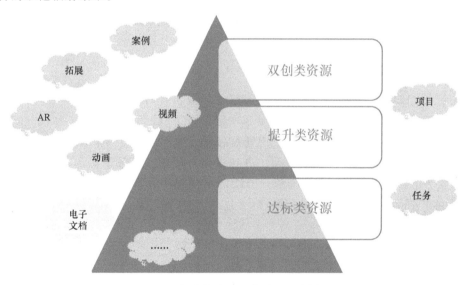

图 5-7 数字化资源冗余建设平台框架

高等教育出版社、机械工业出版社等品牌出版社在承接职业教育教材出版任务时，检查教材作者是否规划了配套的数字化教学资源，是否拥有开发数字化教学资源的能力，作为教材是否通过预审的必要条件。

4. 数字化资源不断丰富完善，为优质在线开放课程建设夯实了基础

配套教材的数字化教学资源建设与在线开放课程的资源建设没有一条非常明显的鸿沟。基于"互联网+"的职业教育专业教学资源库的发生发展为这类"云端"数字化资源建设提供了很好的基础与平台。在线开放课程是以新媒体传播的特性为基础，通过开发好的优质教学资源，为参与教学活动的师生提供交流互动平台。该平台具有互动学习、交流与反馈、互动与评价、考试与评价等功能，以突出在线开放课程学习的交互特征，并充分

考虑满足学习者个性化学习、碎片化传播和参与的需要。在目前正在建设的"双高校"众多项目中，不乏在线开放课程的开发活动。

作为防疫工作的需要，许多院校教师在实践中已掌握了在线教学的手段与方法，基于"云端"的数字化教学资源建设成果丰硕。在相当多的职业院校中，通过购买服务平台或自建平台，一方面为配套教材的数字化教学资源建设提供了支持，另一方面也为在线开放课程提供了服务教学的新通道。

线上线下相结合的教学模式是现阶段十分通行的做法。例如，在教学视频制作上，突出了课程内容中的知识点和技能要点，采用一系列3~10分钟的短视频，通过网络论坛等方式构建规模较大、一对多或多对多的互动参与的虚拟课堂；有些在线开放课程则借鉴了许多网络游戏的体验方法和激励规则，并运用大数据分析发现学习者学习中的问题，针对问题给予学习者个性化的指导，并在下一轮在线开放课程内容更新中实现螺旋提升；在互动评价环节中，则通过"生评生、机评生"等方式来考核学习者的学习情况。整个学习过程中学员还可以对课程进行反馈，对教师进行评价。有些教材开发者借鉴了这些成功的做法，在教材开发设计中，所提供的丰富数字化教学资源可使所编撰的教材能服务于线上线下教学的灵活切换。

可以预言，随着配套教材的数字化教学资源开发方法与手段的创新，数字化教学资源将越来越丰富，将为优质在线开放课程建设夯实基础，并推动线上线下教学模式的完善。

5.2.3　X配套教材的"云端"数字化教学资源建设内容

教育部等四部门印发的《关于在院校实施"学历证书+若干职业技能等级证书"制度试点方案》的通知（教职成〔2019〕6号）明确指出："培训评价组织作为职业技能等级证书及标准的建设主体，对证书质量、声誉负总责，主要职责包括标准开发、教材和学习资源开发、考核站点建设、考核颁证等，并协助试点院校实施证书培训。"X配套教材的"云端"数字化教学资源属培训类资源，因培训内容与专业教学内容既相关，但又不同，故其所建设的数字化资源有一定的特殊性。

1. 文本类数字化资源

文本类数字化资源主要有：职业技能等级标准、教官与考官的培训大纲和计划、各级证书培训大纲和计划、培训相关软硬件要求及技术参数、培训活动中涉及的项目/任务书、培训活动中的管理和安全环保手册、培训所涉及的相关参考材料等。其文本的扩展名主要为 ∗.doc、∗.docx、∗.pdf、∗.xls 等。

2. 图形/图像类数字化资源

图形/图像类数字化资源主要有：培训现场布局图、培训工作流程图、各类工程图、工作原理图、典型产品图、典型或特殊零部件结构图、各类作品图、工作现场图、操作流程图、操作示意图、各种截图等。其图片文件的扩展名主要有 ∗.jpg（图片压缩式文件）、∗.png（可移植网络图形格式）、∗.dwg（AutoCAD 图形文件）、∗.wmf（图元文件）、∗.gif（图像互换格式文件）等。

3. 视频类资源

网络视频有以下特点。

1）交互性。网络视频具有强大的交互性，它允许用户向发送方要求发送指定的视频信息,并能控制播放过程,如开始、暂停、后退和快进等。

2)实时性。网络视频属于时基媒体,它与时间密切相关,并与音频有很大的意义相关性,要求接收到的视频、音频信息必须严格同步。这就决定了网络视频必须具有实时性,甚至是强实时,即不允许出现停顿的现象。

3)集成性。网络视频的集成性表现为技术的集成性和媒体信息的集成性两个方面。技术的集成性是指将原来的电话、广播、电视、音像、多媒体等技术与计算机网络技术融为一体。媒体信息的集成性是指网络视频可以与音频、文字、动画等在内的多格式的、大量内容的数据信息集成,还能与一些附加的控制信息集成。但作为 X 配套教材的数字化教学资源,其"实时性"则比较弱,因为大部分 X 证书与其相关度不大。

与 X 证书配套教材相关的视频主要与农林牧渔、能源动力与材料、土木建筑、装备制造、交通运输、电子与信息、医药卫生、财经商贸、旅游、文化艺术、新闻传播、公共管理与服务等大类专业领域有关。虽然常见的视频格式有 MPEG、AVI、nAVI、ASF、MOV、3GP、WMV、DivX、XviD、RM、RMVB、FLV/F4V 等,但在 X 证书配套教材领域,出版社优先选用 MP4 格式,其特点是普及性广、实用性强。

4. 音频类资源

与 X 证书配套教材相关的音频类资源所建设的领域与视频类资源相同,但就目前 447 个 X 标准而言,其总量会少些,它们更多地应用于"三产类"专业领域。常见的 10 种音频格式为 CDA、WAV、MP3、WMA、RA、MIDI、OGG、APE、FLAC、AAC 格式。但在 X 证书配套教材领域,出版社优先选用 MP3 格式,其特点是普及性广、实用性强。

5. 动画类资源

动画制作在我国行业内快速发展,形成了众多的动画类型,形式上分为二维动画、三维动画,内容上可以分为建筑动画、医学动画、机械结构动画、课件动画等。不同的动画类型在各自适用的领域发挥出独特的价值。其主要应用领域如下。

1)教学领域。动画制作在教学领域的运用时间较早,范围也比较广泛。课件制作大多采用 Flash 动画的形式,将教学内容进行生动形象的展示,在教学活动中能够很好地吸引学生的注意力;在职业教育中利用动画技术将较难理解的原理/复杂的机械结构进行形象化演示或进行拆分展示,能很好地提升教学质量。

2)医疗领域。动画制作在医学医疗领域的应用往往表现为医学三维动画,利用三维拟真技术可以将人体内部构造、病因病理等进行展现,有效促进医疗人员与患者之间的沟通理解,同时也有助于提升医疗水平和质量。

3)建筑领域。随着近年来房地产建筑行业的发展,动画制作在建筑领域的应用也较为广泛。伴随动画技术的提升以及创作手法的多元化,建筑动画从脚本创作到模型制作再到后期处理等,实现了较高的综合水平,对于展现建筑风貌和周边设施具有重要意义。

4)影视领域。从近几年的影视制作中我们可以发现,动画制作技术的运用也越来越广泛,包括 3D 影视大片、3D 特殊效果等,给人们提供了精美的视觉享受。

5)广告领域。随着人们观念以及接受信息方式的改变,广告动画越来越常见。不管是在户外移动媒体、电子显示屏还是公交车等传播载体上,都可以看到动画广告。它克服了传统文字图片宣传的弊端,将动画的视听作用结合,发挥出了很大的广告价值。

X 证书领域有许多方面需要应用动画来辅助培训教学,虽然动画制作有许多可选择的软件，但动画制作需要投入较大的精力，人力资源占用较多，如果采用服务外包形式，则需要投入一定的制作经费。目前 X 配套教材的数字化教学资源中采用动画类素材的还不多。

动画类文件格式主要有 GIF、FLIC、SWF、AVI、MOV、QT 等。在 X 证书配套教材领域，出版社优先选用 SWF 格式（Macromedia 的 Flash 动画文件）和 HTML5 + JavaScript（网页动画文件），其特点是网课中应用便捷高效。

6. PPT（演示文稿）

PPT 几乎渗透到各行各业的各种工作之中，工作汇报、企业宣传、产品推介和教育教学等都离不开它。

PPT 是把静态文件制作成动态文件浏览，把复杂的问题变得通俗易懂，使之更加生动，给人留下更为深刻印象的幻灯片。一套完整的 PPT 文件一般包含 PPT 封面、前言、目录、过渡页、图表页、图片页、文字页、封底等。

PPT 是一种图形程序，是功能强大的制作软件，可协助用户独自或联机创建永恒的视觉效果。它增强了多媒体支持功能，利用其制作的文稿，可以通过不同的方式播放，并可在幻灯片放映过程中播放音频流或视频流，对用户界面进行了改进并增强了对智能标记的支持，可以更加便捷地查看和创建高品质的演示文稿。

PPT 是 X 配套教材数字化教学资源的必需。其文件格式是 ppt/pptx。

7. VR 类资源

VR（Virtual Reality——虚拟仿真）是用一种系统模仿另一个真实系统的技术。VR 实际上是一种可创建和体验虚拟世界（Virtual World）的计算机系统。这虚拟世界由计算机生成，可以是现实世界的再现，亦可以是构想中的世界，用户可借助视觉、听觉及触觉等多种传感通道与虚拟世界进行自然的交互，使用户可直接参与并探索仿真对象在所处环境中的作用与变化，产生沉浸感。VR 技术是计算机技术、计算机图形学、计算机视觉、视觉生理学、视觉心理学、仿真技术、微电子技术、多媒体技术、信息技术、立体显示技术、传感与测量技术、软件工程、语音识别与合成技术、人机接口技术、网络技术及人工智能技术等多种高新技术集成之结晶。其逼真性和实时交互性为系统仿真技术提供有力的支撑。

2010 年，高职教育第一批专业教学资源库项目中就开始引入 VR 技术。但当时所要求的经费投入大，对教师的要求也高，专业教学资源库中只能少量见到这方面资源。目前几大出版社出版的教材中对这类配套开始多起来了，但仍不占多数，原因还是人、财、物的投入问题。

VR 类素材的文件格式不限，只要它可以在常用的一般环境下运行即可。

8. AR 类资源

AR（Augmented Reality——增强现实技术）是一种将真实世界信息和虚拟世界信息"无缝"集成的新技术，是把原本在现实世界的一定时间空间范围内很难体验到的实体信息（视觉信息，声音，味道，触觉等），通过计算机等科学技术，模拟仿真后再叠加，将虚拟的信息应用到真实世界，被人类感官所感知，从而达到超越现实的感官体验，真实的环境和虚拟的物体实时地叠加到了同一个画面或空间同时存在。

VR 给用户带来的是沉浸感（场景是假的，一切都是计算机做出来的，但看到的是类似现实效果）；AR 是将虚拟跟现实结合，脱离沉浸感。在硬件设备上，VR 设备注重封闭的沉浸感，能让人产生身临其境的感觉，其内容都是虚拟的；AR（场景是半真半假）设备则注重于对生活、工作产生帮助。目前，AR 设备低端的可以使用智能手机，高端的使用智能眼镜。

扫描二维码就能看到 AR 场景的配套教材，目前在少数出版社出版的教材上已经出现。例如，高等教育出版社已有现成的案例。

目前，AR 资源在 X 配套教材上的着力点主要是解决一些机械结构、建筑结构、人体结构、各种运动等教学和培训中难以说清或表达的问题。通过 AR 模型（并不是唯一的）载体和表现形式，依托 AR 资源展示 APP，以展现模型的立体结构、内部结构、运动轨迹等。

AR 模型开发流程包括模型选题、模型设计、模型制作、模型识别及上架应用等环节，如图 5-8 所示。具体制作要求需要出版社与作者协商解决，出版社对于 AR 模型的开发制作有规范要求。

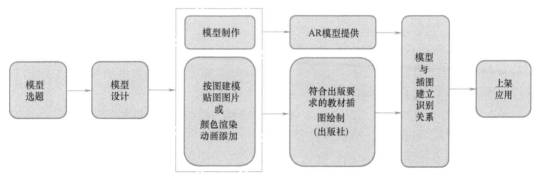

图 5-8　AR 模型开发流程

9. 微课类资源

微课是目前职业教育常用的教学方式之一。大部分教师基本掌握了微课的开发方法，从写剧本、拍摄道具、制作流程，到融入教案设计和课堂教学，都比较得心应手。微课类资源的优势如下：

① 教学时间较短。教学视频是微课的核心组成内容。根据学生的认知特点和学习规律，微课的时长一般为 5~8 分钟，最长不宜超过 10 分钟。因此，相对于传统的 45 分钟或 50 分钟一节课的教学课例来说，微课可以称之为"课例片段"或"微课例"。

② 教学内容较少。相对于较宽泛的传统课堂，微课的问题聚焦，主题突出，更适合教师的需要。微课主要是为了突出课堂教学中某个学科知识点（如教学中的重点、难点、疑点内容）的教学，或是反映课堂中某个教学环节、教学主题的教与学活动，相对于传统一节课要完成的复杂众多的教学内容，微课的内容更加精简，因此又可以称为"微课堂"。

③ 资源容量较小。从大小上来说，微课视频及配套辅助资源的总容量一般在几十MB，视频格式须是支持网络在线播放的流媒体格式（如 WMV、FLV 等），师生可流畅地在线观摩课例，查看教案、课件等辅助资源；也可灵活方便地将其下载保存到终端设备（如笔记本电脑、手机等）上实现移动学习、"泛在学习"，非常适合教师的观摩、评课、

反思和研究。

④ 资源组成/结构/构成"情景化"，资源使用方便。微课选取的教学内容一般要求主题突出、指向明确、相对完整。它以教学视频片段为主线"统整"教学设计（包括教案或学案）、课堂教学时使用到的多媒体素材和课件、教师课后的教学反思、学生的反馈意见及学科专家的文字点评等相关教学资源，构成了一个主题鲜明、类型多样、结构紧凑的"主题单元资源包"，营造了一个真实的"微教学资源环境"。这使得微课资源具有视频教学案例的特征。广大教师和学生在这种真实的、具体的、典型案例化的教与学情境中可易于实现"隐性知识""默会知识"等高阶思维能力的学习并实现教学观念、技能、风格的模仿、迁移和提升，从而迅速提升教师的课堂教学水平，促进教师的专业成长，提高学生学业水平。

微课按类型可分为课前复习类、新课导入类、知识理解类、练习巩固类、小结拓展类、说课类、实践操作类、活动类等。

作为 X 配套教材的合作开发者，院校教师在微课开发方面是行家，可以通过校企合作模式共同完成微课资源的开发和完善。

10. 网页课件

网页课件与传统课件对比，有许多优势。

① 网页课件占用空间少。传统课件动辄上百 MB，给异地运行带来极大不便。而网页课件一般也就只有几百 KB 大小，所以极易在网上传输。

② 网页课件容量大，交互性强。凡是能链接的地方，都有一个新内容的载体。一个网页可以无限制地链接下去，容量可以相当庞大。另外，网页课件的交互性强，在线练习和实时反馈在网页课件中同样可以体现。

③ 网页课件制作软件易学易用。网页制作软件有 FrontPage 和 DreamWeaver，前者是微软开发的，简单容易上手，后者较为专业，但功能更为强大。

④ 网页课件对素材的兼容性非常高，支持常见的各种媒体格式，如图像：GIF、JPC、BMP；音频：MID、MP3 等；动画：Flash，GIF 等；视频：MP4、RM 等。运用网页制作软件，很容易实现将这些图像、音频、视频素材组织起来。

⑤ 网页课件对平台兼容性很强。

无论是职业教育教材开发，还是 X 配套教材的数字化资源建设，网页课件的内容虽有不同，但其技术路线是一样的。这对出版社来说，在 X 配套教材开发中提出这样的要求应该是合理的。当前，出版社优先考虑 HTML 格式（网页源文件）。

1+X 证书制度的顶层设计思想就是要将行业企业在转型升级中的新技术、新工艺、新规范、新要求引入到职业教育领域。在 X 配套教材的数字化教学资源建设中，AR 和 VR 资源建设是个难点，一要有资金投入，二要有这方面能力的专家加持，要做到这些并不容易。当前，能有实力做到这些的应该是行业中的头部企业。我们寄希望于它们的贡献。

第6章
CHAPTER 6 小切口定向的书证融通配套教材建设

1+X 证书制度试点工作进入第四个年头，与 X 配套的教材建设则处于滞后状态，需要分析问题的症结所在，研究对策，力争做得更好。

6.1 小切口定向的书证融通配套教材建设思路

在由钱晓忠等所著的《1+X 书证融通与学分银行建设研究》中，对于书证融通工作有了一定的研究基础并提出了相应的建设方案。该书介绍的工作方案在操作时反映工作量较大，涉及的影响因素较多，在协调力度不足的情况下完成书证融通及后续的相关工作的确有一定难度。是否能找到虽然不是很理想，但目前可行的一种过渡方案呢？图 6-1 所示为书证融通的三种模式：第一种模式反映了专业课程教学与证书培训各自独立，"1"和"X"处于叠加状态，也是目前试点工作中的普遍现象；第二种模式反映了专业课程教学与证书培训处于部分融合状态，这种模式在职业院校中是一种期望的模式，目前正处于探索阶段；第三种模式反映了"1"与"X"完全融合，这种情况目前还不多。

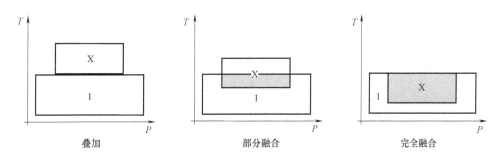

图 6-1　1+X 书证融通模式

T—书证融通程度　　*P*—专业人才培养方案

作者通过与部分培训评价组织和职业院校骨干教师商讨，认为可以采用小切口定向的书证融通配套教材建设方案，即采用图 6-1 中"部分融合"模式是比较现实的办法，以化解目前教材开发中的一些问题。

6.1.1 当前书证融通教材开发中的难点

当前书证融通教材开发的难点主要有五个方面：①一个职业技能等级标准面向的工作岗位和专业普遍较多，X 证书的针对性有一定问题；②有些 X 证书需要较大的经费投入才能开展试点，X 证书对职业院校实训基地建设的压力较大，试点工作推动困难；③有较多的培训评价组织将 X 证书配套教材的开发任务以服务外包形式交给了职业院校，校企合作不够紧密，教材开发质量不高；④X 配套教材的内容组织没有遵循职业教育教学规律，学情考虑不够，开发出来的教材类似技术说明书；⑤书证融通与教材开发的责任主体和利益相关方不明确，关系处理不够顺畅。

问题②的解决办法主要是投入经费，目前只能根据证书选择院校的经费状况而定。其他四个问题通过研究，基本上可以找到解决的办法。

6.1.2 书证融通教材开发的破题思路

书证融通教材开发的破题思路在于解决问题的切口不能大，否则协调的范围就大了，动用的资源也就多了，从目前的实际情况分析有些不太现实。换个思路：一个专业从专业建设视角分析，可以设计 N 个 X 证书与其对接，但不太可能每个学生同时接受 N 个 X 证书的学习培训。如果一个专业选择一个 X 证书与其对接，则选该证书学习培训的学生事后则将拥有该 X 证书赋予的"一技之长"。"X"对于"1"的功能是补充、强化和拓展。从实践经验得知，实现补充和强化功能的专业，其专业中必定有课程与 X 证书的内容相关。如将这些课程找出来（有时可能就是一门高度相关的专业课程），再与 X 证书进行融合分析，形成培养一技之长的小课程组，之后就是教材开发的工作了。

这里需要讨论小切口定向的书证融通原则与配套教材开发思路（图 6-2 和图 6-3）。

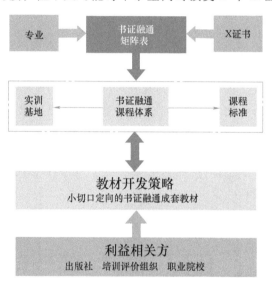

图 6-2 小切口定向的书证融通教材开发思路（一）

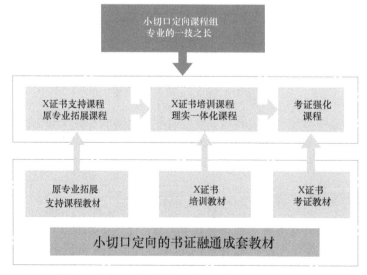

图 6-3 小切口定向的书证融通教材开发思路（二）

1. 小切口定向的书证融通原则

（1）适应性原则 小切口的思路就是所选 X 证书的内容不能过于综合，综合度太高的 X 证书必然需要较多课程与其相关，其书证融通的矩阵表上反映的相关课程就多了，故需要开发的配套教材就多，工作量太大反而使试点工作开展不下去。按照《职业技能等级标准开发指南（试行）》的要求，一个证书的学习培训强度也就是控制在 8 个学分，欲速则不达。基于目前的实践经验，X 证书内容不宜太综合，这需要在今后的证书标准迭代过程中逐步予以解决。

（2）协调性原则 书证融通实质上是一个校企合作开发课程和教材的过程，X 证书的内容与专业某些课程的内容有交叉或重叠，如果 X 证书单独学习培训，则会造成因部分内容的重复学习培训而浪费时间和资源。将专业中准备与 X 证书对接的课程内容与证书培训课程内容进行分工协调、重组课程内容，形成原专业课程的新课程标准和证书培训课程标准，这样既保证了专业课程的教学需要，又优化了证书培训课程的内容，两全其美。

（3）减负性原则 学习培训强度从"双证书"时期就是一个困扰专业人才培养方案的问题，1+X 证书制度试点同样也需要研究这个问题。作者建议这组书证融通课程的总学时控制在 10~13 学分，最多不超过 14 学分。X 证书支持课程，即原与 X 证书紧密相关的专业课程经拓展后，可能会增加两方面的学习内容：一方面是该课程需要考虑一定的普适性，满足更多的专业选用该课程的需要；另一方面是该课程需要消化 X 证书中少量重叠内容，虽然量不大，但总是一个增量。故 X 支持课程的学分与原来的课程相比较是增大的；X 证书培训课程从学分总量上分析，应该比独立培训时有所减少，但减少量不会大；X 证书考证课程一般占用 2~3 学分，这是经验公式。因书证融通，满足了一技之长的教育教学培训，整个专业的课程布局和学习强度将会做出合理的调整，总体上该专业总学分将比原来的总学分有所增加。

（4）互惠性原则 培训评价组织和出版社都是企业，如果没有一点获利可能（这种获利形式是多方面的），1+X 证书制度试点工作是无法进行的。小切口的目的是聚焦，让更多的利益相关方参与试点工作，有利于试点工作的推进；定向的目的是让学生在所修专业中掌握一技之长，有利于就业。小切口定向书证融通对于职业院校专业骨干教师是有能力和精力参与的试点工作。其目标清晰、有希望。

2. 小切口定向的书证融通配套教材开发思路

小切口定向的书证融通形成了一组课程。该组课程数量不多，职业院校与培训评价组织合作，比较容易组织力量开发课程标准及其配套教材。这是一组课程，可以认为是支撑 X 证书"落地"的课程，是在原来与 X 证书相关的课程基础上，通过梳理协调，形成的新课程；X 证书培训课程应该是一门经过优化的课程，X 证书有些内容可能融入了前面的专业新课程，使该课程内容更精干，开发该课程的目的是让经过培训的学生基本上能够掌握该证书所要求的技术技能；开发 X 证书考证强化培训课程的目的是解决"临阵一脚"问题，该类课程的教材在现已面市的 X 证书配套教材中极少露面，不是没有这类教材，而是开发成了通过平台或由培训评价组织临时发给考点培训师的电子教材，其中原因多种多样，但考题的稳定性应是造成教材没有面市的一个重要原因。作者查阅了由人力资源和社会保障部出版的配套职业资格证书的培训教材，它们一定有这部分内容。作者也查看了中德汽车职业教育合作项目系列教材，发现它们采用了过程考核的办法，如"汽车电器系统检修"培训课程，共有"汽车无法起动""汽车车窗失效"等六大学习培训任务，每一个学习培训任务结束时都有测试内容。图6-4和图6-5所示扼要介绍了支持课程和X考证强化培训课程配套教材的开发思路。

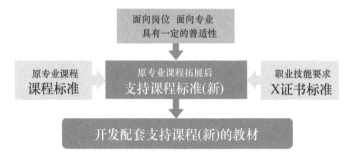

图 6-4　支持课程配套教材开发思路

之所以要强调设置强化考证课程及其配套教材，是因为在1+X证书制度试点中，其理实一体化的学习培训课程要解决学习者是否"会了"X证书所要求的职业技能问题，对完成学习培训任务没有时间上的刚性约束；但证书的学习培训结果应该体现在工作绩效与质量上，即在一定的时间内按质按量完成证书的学习培训要求，形成该专业所期望的"一技之长"；强化并规范考证前的"临门一脚"是所有证书的标配要求。

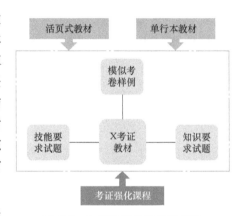

图 6-5　X 考证强化培训课程配套教材开发思路

6.1.3　小切口定向的书证融通教材建设研究

书证融通是一项综合性工作，涉及的面比较广，作为职业院校试点工作的具体负责人，需要综合考虑各项工作。图6-6所示是目前书证融通中所反映的工作关系，你中有我，我中有你，但抓工作需要确定重点、选择抓手、分步推进。小切口定向的书证融通配套教材建设涉及一些操作问题，需要分步研究和解决。

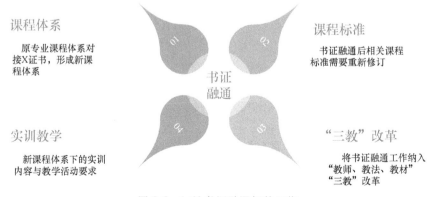

图 6-6　1+X 书证融通相关工作

1. 该组教材的课程学分处理

对于小切口定向书证融通配套教材学分结构处理,需要解决一个学习培训量问题。X培训课程和X考证课程可以安排在一个学期内修完,也可以在两个关联学期内修完。作者设计了一个框图(图6-7),提出如下建议:如果支持课程是1~2门课程,则安排2~6学分为宜,这主要根据专业的具体情况而定;如果支持课程由3~4门课程组成,建议仅适当优化这几门课程的课程标准,不做大的变动,这样对教材的处理有利。X培训课程安排4~5学分,特殊情况下也可以安排6学分;如果这样的设计完成不了学习培训任务,建议将部分内容前移至支持课程,部分"纵向"训练内容可以后移至X考证课程。X考证课程需要集中培训,考虑到学校教学和专业实训课程的安排与资源调配,其量不能超过3学分,教材开发设计根据课程设置而定。

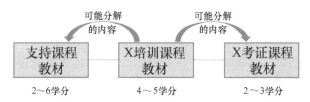

图6-7 小切口定向书证融通配套教材学分结构处理

2. 该组教材的内容处理

在考虑该组教材的总学习培训量后,需要配套处理这些教材的内容。总体上可以采用"去重""择一"和"前移与后置"方法。

1)"去重"法是指在研究教材内容时,考虑到独立培训时需要相关的配套知识,故在设计配套教材时一般会安排这些内容。但这些内容往往会与支持课程有一定的关联,为减少或消除重叠的教学内容,也为了分流X培训课程的总学习量,可以将这些内容安排至支持课程中。

2)"择一"法是指有的证书可能面对市面上多种软件或硬件系统,作为一部培训或考证教材,无法面面俱到,一部教材只能选择一个系统组织编撰,如采用多系统培训,则要并行开发分册教材。按照国家目前倡导的政策,第一部教材最好优先选择本国的软硬件系统。

3)"前移与后置"法是指将X培训课程的配套教材内容适度前移或后置,减轻该课程的学习强度。关于前移的方法在去重法中已有介绍,重点介绍一下内容的后置问题。因X培训教材编撰采用的是"先横后纵"模式,即综合训练内容要安排在后面的单元,前面单元应根据每个工作领域、工作任务和职业技术要求逐项进行编撰。考虑了考证课程的学分,X证书的培训课程学分需要约束,原因是受学情和教学培训安排的制约。如遇到内容处理有一定困难,可以将"纵向"综合培训内容安排至考证教材内,均衡培训学习压力。

3. 该组教材的体例设计

本书第4章和第5章介绍了X配套教材的体例和单元结构。目前教材市场上的X配套教材以高等教育出版社的居多,机械工业出版社的次之。X配套教材的体例主要有项目/任务式、模块式和案例式三种体例。单元结构基本与图5-5所示相似。与教材配套的数字化资源出现了参差不齐的局面,需要加快"云端"平台建设和提高数字化资源制作水平。

4. 该组教材的案例库建设

案例作为支持课程的教学载体，也是培训课程的载体。图6-8所示反映了案例在X证书标准、培训教材和培训活动中的相互依赖关系。一个典型案例可能包括了 N 个技能点和知识点，但作为教学与培训活动，在所选择的案例中，仅将与本次教学活动相关的技能点和知识点联系起来，并不是面面俱到地"全程贯通"。故围绕单元教学或培训要求组织案例是一件十分重要的工作，案例选择是否恰当直接影响着教学与培训活动的质量。

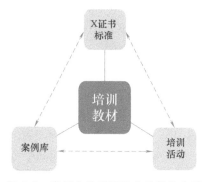

图 6-8　案例在培训活动中的载体作用

案例库建设涉及两大块：一块融入教材之中；另一块储备于"云端"的数字化资源之中，供教师和学生选用。随着试点工作的推进，一些好的案例将逐步进入案例库中。当然，也有一部分案例会被淘汰。

6.2　机械设计制造类专业与机械产品三维模型设计（中级）书证融通教材开发案例

2021年，教育部职业教育一体化专业目录诞生。高职"机械设计与制造"（460101）、"数字化设计与制造技术"（460102）、"数控技术"（460103）、"机械制造及自动化"（460104）、"模具设计与制造"（460113）等专业属机械设计制造类专业领域。由广州中望龙腾软件股份有限公司开发的，入围教育部X证书目录管理清单（第四批）的"机械产品三维模型设计职业技能等级证书"如与上述专业对接并开展书证融通，则是一项具有一定普适意义的1+X证书制度试点工作。

6.2.1　机械设计制造类专业与机械产品三维模型设计（中级）书证融通教材开发思路

教育部等四部门印发《关于在院校实施"学历证书+若干职业技能等级证书"制度试点方案》的通知中指出："试点实践中充分发挥培训评价组织的作用，鼓励其不断开发更科学、更符合社会实际需要的职业技能等级标准和证书"。根据教育部1+X证书制度试点工作要求，通过总结目前已经进入教育部目录管理清单的447个职业技能等级证书的前期工作经验和试点产生的一些数据，完成了从1.0版本升级至2.0版本（1+X职业技能等级证书信息管理服务平台 https：//vslc.ncb.edu.cn/）；今后的升级工作处于不断完善的过程之中。机械产品三维模型设计证书也处于不断的迭代过程中，表6-1是机械产品三维模型设计职业技能等级证书（中级）的探索版内容。该探索版是在前期工作经验积累和试点过程中产生的数据，以及相应的资源建设成果下，作为3.0版本的备案版而开展的先行先试。

表 6-1　机械产品三维模型设计职业技能等级要求（中级—探索版）

工作领域	工作任务	职业技能要求（中级）
1 机械零部件造型	1.1 典型零件三维造型	1.1.1 能通过合理选择草绘平面进行草图创建,运用绘制基本曲线、绘制样条线、偏置曲线、阵列曲线、镜像曲线、修剪、延伸等功能完成草图绘制 1.1.2 能运用草图尺寸约束、几何约束、自动标注尺寸、自动约束等方法实现草图完全约束 1.1.3 能运用拉伸、旋转、扫掠、圆柱体、圆锥、球、孔、槽、螺纹等特征建模方式完成实体建模 1.1.4 能运用抽取特征、阵列特征、镜像特征、抽壳、偏置面、缩放体、修剪体、分割体等功能完成特征细节修改 1.1.5 能运用编辑实体密度、估算产品质量、指派特征颜色、三维尺寸标注等拓展功能完成实体特性赋予 1.1.6 能综合运用以上功能命令,按制定的工作任务要求完成典型零件建模
	1.2 零件快速修改	1.2.1 根据零件修改建议,能使用直接编辑命令快速完成零件的修改 1.2.2 能切换参数化和非参数化的建模模式 1.2.3 能使用偏移面、复制面、简化面、阵列面等重用方法来达到修改意图的快速实现 1.2.4 能使用线性尺寸重定位、调整圆角大小、替换面等关联方法来修改模型 1.2.5 能使用移动面、替换圆角、修改半径等优化方法来修改模型
	1.3 曲面零件造型	1.3.1 熟悉曲面建模的相关知识,能按正确步骤完成曲面建模 1.3.2 能运用曲线命令,创立空间基本曲线、样条线、文字等 1.3.3 能运用曲面命令,通过曲线组创立网格曲面、N 边曲面等 1.3.4 能运用延伸面等编辑方法,修改简单曲面模型 1.3.5 熟悉缝合、合并等功能,能重新创建曲面模型
	1.4 机械部件数字化设计	1.4.1 能运用装配知识,分析简单机械部件的装配关系,能区分并使用父装配、子装配、单个零件等完成不同级别的装配 1.4.2 能通过添加零件、创建约束等步骤,运用自下而上的装配方式完成零部件装配设计 1.4.3 能通过参考、链接管理器等功能,运用自上而下装配方式完成零部件装配设计 1.4.4 依据简单机械部件模型的装配要求,能检查各装配单元的约束状态和干涉情况
2 机械零部件工程图设计	2.1 典型零部件二维工程图设计	2.1.1 能正确分析典型中等复杂装配图中各零件间的结构形状特征,拆绘零件图,如一级减速器等 2.1.2 能结合各零件的加工要素,准确标注尺寸 2.1.3 能查阅机械设计等相关手册,设计并标注各零件的尺寸精度、几何精度等技术要求 2.1.4 能确定机械部件中各零件间的装配关系,以及关键零件间的配合尺寸和配合精度 2.1.5 能根据产品装配图的相关信息,正确填写标题栏
	2.2 三维零件转二维工程图	2.2.1 能依据 CAD 工程制图国家标准,按照工作任务要求,结合所要表达的零件模型,选用合适的图幅 2.2.2 能运用新建图纸页、选择合适图纸、创建基本视图、创建投影视图、创建剖视图、局部剖视图、剖面线等功能绘制零件视图 2.2.3 依据机械制图的尺寸标注国家标准,能运用尺寸标注相关知识,合理标注零件工程图的尺寸 2.2.4 能运用快速标注尺寸、线性标注、公差标注、创建文本注释、调用工程图专用符号等完成尺寸标注

（续）

工作领域	工作任务	职业技能要求（中级）
2 机械零部件工程图设计	2.3 三维部件转二维工程图	2.3.1 能运用制图模块，生成基于装配的工程图样 2.3.2 依据机械制图的尺寸标注国家标准，能运用尺寸标注相关知识，合理标注装配图的配合尺寸 2.3.3 能通过添加装配关系、创建爆炸工程图、添加零件明细表、在工程图中标示对应零件等步骤，完成爆炸图设计 2.3.4 能运用图线相关知识，编辑视图中的切线、消隐线、螺纹线等属性 2.3.5 依据 CAD 文件管理国家标准，运用打印模块的相关功能，按照工作任务要求，能准确进行虚拟打印
3 模型仿真验证	3.1 工艺规程设计	3.1.1 熟悉工艺方案设计的国家标准，掌握方案设计的相关流程 3.1.2 能分析图样，读懂材料热处理、公差等基本要求 3.1.3 能进行材料选择、产品加工工艺选择、工艺设备选择等工艺分析 3.1.4 依据产品的生产类型，能正确设计简单典型零件的工艺方案，并确定零件毛坯、加工工艺流程、材料定额等相关要素 3.1.5 依据技术进步、工艺革新情况，能使用工艺文件更改通知单，在审批部门批准后修改工艺
	3.2 工艺准备	3.2.1 能依据简单零件图及加工工艺过程卡信息，运用仿真加工模块，确定各表面工艺路线、设置零件毛坯和坐标系 3.2.2 能完成刀具结构、材料、几何参数等信息的设定 3.2.3 能正确设置程序、刀具、几何体和加工方法 3.2.4 能完成切削用量的选择和余量设定
	3.3 仿真验证	3.3.1 能合理确定切削参数、非切削参数进刀、退刀、插削、离开路线等 3.3.2 能根据机床和加工要求设置进给参数和主轴转速 3.3.3 能合理规划粗、精加工刀具路径 3.3.4 能正确调试各刀具参数，通过刀具轨迹仿真验证程序的正确性
	3.4 数据处理	3.4.1 能依据数字化产品定义数据通则相关国家标准，运用产品定义数据相关知识，对加工程序设置标记 3.4.2 能熟悉 CAM 自动编程方法，运用工序视图功能，生成零件数控加工工序卡电子表格 3.4.3 能依据不同数控操作系统及工作任务要求，运用后置处理器，输出数控加工程序 3.4.4 能依据数字化产品存储相关国家标准，根据工作任务要求，对模型文件及加工程序进行正确保存

　　机械产品三维模型设计职业技能（中级—探索版）证书属工具类证书，主要内容是掌握三维软件功能及其基本应用。高职机械设计制造类专业都开设机械制图课程，该课程内容与其有较高的关联度。从小切口开展书证融通的思路出发，高职"机械制图"课程通过对接机械产品三维模型设计职业技能等级标准（中级—探索版）证书，开展书证融通，梳理微调原课程标准，重点开发配套该 X 证书的教材。其重中之重是开发 X 配套的培训教材，为此，需要对图 6-9 所示内涵做些介绍与解释。

图 6-9 机械设计制造类专业与机械产品三维模型设计（中级—探索版）
小切口书证融通配套教材的开发思路

《机械制图与零部件造型测绘》教材分两个模块，其开发依据见"机械制图与零部件造型测绘"课程标准。机械制图与零部件造型测绘课程一般在大一的第一和第二学期开设，内容主要在二维领域，服务于机械设计制造类专业后续课程的学习需要。机械产品三维模型设计（中级—探索版）的主要内容在三维领域，对整个书证融通的课程体系而言，这是一个从二维向三维系统学习培训的过程，学生获证则意味着拥有三维的一技之长；持证者在机械设计制造类专业课程学习中，综合能力将得以提升，就业竞争力明显增强。机械产品三维模型设计（中级—探索版）的培训课程和考证课程则需要根据专业课的安排，在大二或其他时间内进行。

图 6-10 所示为机械设计与制造类专业与机械产品三维模型设计（中级—探索版）配套教材的开发思路。该证书面向的岗位主要是机械产品的生产加工、产品质量检验、工艺设计、数控程序编制相关工作岗位（群）；岗位工作任务主要是机械工程图设计、三维模型设计、数控加工自动编程、产品工艺文件编制等工作。从对接的技术领域分析，主要是CAD 和 CAM 及基本的机械加工工艺，要求学生形成的技术技能主要是会使用三维软件并能初步承担一些相关的机械加工领域工作任务。该证书需要配套开发两部教材，一部是 X配套培训教材，其重点任务是解决学生掌握三维技能，并在机械加工领域做一些应用。根据培训评价组织对证书内容配置的权重，有关三维功能方面的培训内容占70%左右，在三维应用方面的培训内容占30%左右。也就是说，机械产品三维模型设计（中级）证书的培训目

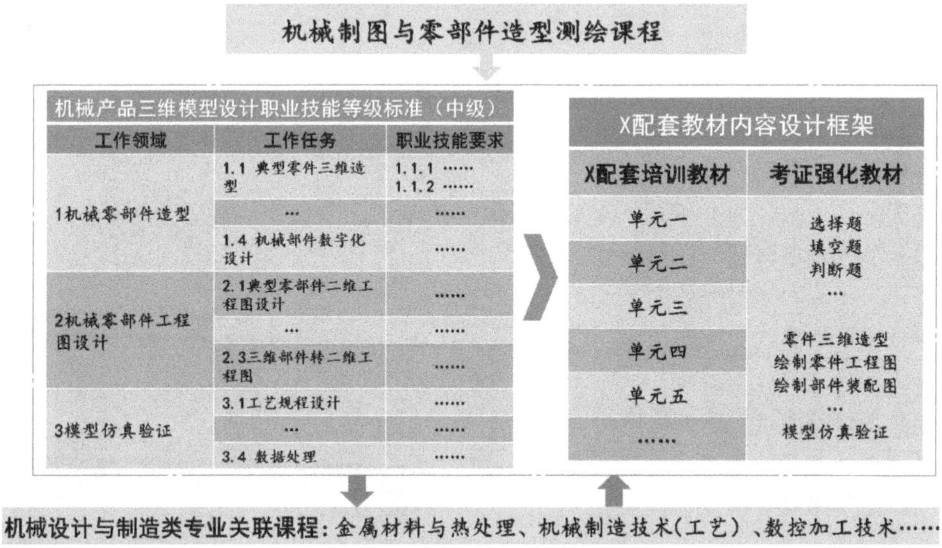

图 6-10 机械产品三维模型设计（中级—探索版）配套教材的开发思路

标主要是使学习者掌握三维绘图和造型等方面的技能，其应用方面并不是主要的。

面对就业市场，我们则要考虑现实问题。机械设计与制造类专业毕业生面对的首先是就业，目前毕业生用人单位常用的三维软件除了中望3D外，还有UG（模具和数控制造加工领域）、SolidWorks（非标机械制造领域）、Creo（轻工机械领域）、Inventor等。中望3D是具有自主知识产权的国产软件，是国家鼓励开发使用的软件。如何处理好3D软件多样化的问题，这就是需要研究和协调的课题。根据目前一些有类似情况的证书配套教材开发情况，一般平行地开发与品牌设备配套的培训教材，如工业机器人应用编程职业技能等级证书就并行开发了《工业机器人应用编程（FANUC）》《工业机器人应用编程（ABB）》《工业机器人应用编程（华数）》三套培训教材，以方便拥有不同品牌机器人的职业院校开展培训活动。机械产品三维模型设计证书的配套教材也可借鉴这种做法。

另一部是开发准备迎接考证的考证强化培训教材，其重点是根据机械产品三维模型设计（中级—探索版）证书的"机械零部件造型""机械零部件工程图设计""模型仿真验证"三大工作领域的技术技能要求，进行贯通三个工作领域的综合培训内容开发。其教材编撰目标是通过综合运用上一部培训教材的习得成果，结合证书理论考试和实操考试的样卷组织教材内容，形成强化训练的体例结构，服务于考证的学习培训需要。

6.2.2　书证融通中支持课程教材的内容与体例

《机械制图与零部件造型测绘》是高职机械设计与制造类专业配套的专业基础课教材。该教材内容主要以二维应用为主，与机械产品三维模型设计中级证书的培训教材有一个边界划定与衔接的问题，对照机械设计与制造类专业教学标准，该证书在原来制图课程的基础上有了一个"三维应用"的提升，对制图技能起到了"补充与强化"的作用。"机械制图与零部件造型测绘"课程标准如下：

机械制图与零部件造型测绘课程标准

一、课程名称及代码

课程名称：机械制图与零部件造型测绘

二、适用教育层次及专业

教育层次：高职专科

适用专业：数控技术、机械制造及自动化专业、模具设计与制造专业等机械类专业

三、学分、学时

学分数：6；学时数：96

四、课程类型

课程性质：专业基础课

课程类别：理论+实践课

课程属性：必修

五、先修课程名称及代码

无。

六、教学目标

本课程的任务是使学生通过制图投影理论、制图国家标准、零件图和装配图的学习，培养读图与绘图能力、空间想象和思维能力、查阅及运用国家技术制图标准的初步能力，以及执行国家标准的自觉性；了解计算机辅助绘图及三维建模的基本知识及简单的操作命令；同时培养学生认真负责、严谨务实的工作态度，耐心细致、一丝不苟的工作作风。

1. 知识目标

1）树立国家标准的法典意识，严格遵守国家标准的有关规定，能利用常用工具进行仪器绘图；

2）掌握正投影法的基础理论和基本方法，能绘制基本体的三视图；

3）熟练掌握组合体三视图的识读和绘制方法；

4）基本掌握机械制图中各类图样的表达方法；

5）基本掌握标准件与常用件的规定画法和规定标注方法；

6）掌握绘制和识读机械图样的基本方法；

7）基本掌握查阅制图国家标准的方法，及时了解现行国家标准；

8）了解标注公差配合、几何公差及表面粗糙度的基本知识；

9）基本掌握测绘零件和装配体的基本方法及步骤；

10）学习 AutoCAD 软件的二维绘图功能，了解用计算机绘制平面图形、三视图及零件图的基本方法。

2. 能力目标

1）初步具备利用仪器绘图的能力；

2）掌握组合体的视图画法及机件的表达方案画法，初步具备利用各类视图表达中等复杂程度机件的能力；

3）掌握识读组合体视图及机件表达方案，初步具备一定的识读形体表达方法的能力；

4）具备查阅标准件与常用件手册并选用标准件与常用件的初步能力；

5）具备绘制中等复杂零件图和简单装配图的基本能力，具备一定的徒手画草图能力；

6）具备一定的读图能力，能识读中等复杂零件图及简单装配图；

7）具备使用 AutoCAD 软件的初步能力，能绘制简单零件图。

七、教学内容及要求

单元一 制图的基本知识与技能

1. 教学基本要求

1）掌握常用绘图工具的使用；

2）掌握制图国家标准的一般规定（包括图幅、比例、字体、图线、尺寸）；

3）掌握常用几何图形（线段等分、圆周等分和正多边形的画法）和平面图形画法（尺寸分析、线段分析、绘图步骤）。

2. 教学重点、难点

教学重点：制图国家标准、几何作图方法、平面图形的绘制。

教学难点：尺寸标注、圆弧连接、平面作图方法。

3. 教学资源

略。

单元二 投影作图基础

1. 教学基本要求

1）熟练掌握正投影的特性、三视图的等量关系、方位关系，能够绘制物体的三视图；

2）熟练掌握基本体及其切割体的三视图画法、特点和尺寸标注，并能够绘制两圆柱正交时的相贯线；

3）掌握一般难度组合体（以叠加为主的组合体）的识读与绘制方法；

4）基本掌握轴测图的基本知识，能够用尺规及徒手的方法绘制平面体、回转体、组合体的正等测轴测图，了解斜二等轴测图的基本绘制方法；

5）掌握机件的基本视图、局部视图、斜视图、剖视图及断面图的画法、标注、使用场合及注意事项，基本掌握机件的其他表达方法，如局部放大图、规定画法及简化画法等。

2. 教学重点、难点

教学重点：投影法的基本知识、三视图的等量关系和方位关系，基本体的三视图画法、特点和尺寸标注，常见切割式基本体的三视图画法，组合体的形体分析法、组合体的三视图画法、组合体的读图，基本视图、局部视图、斜视图、剖视图、断面图的形成、画法、标注、使用场合和注意事项。

教学难点：三视图的等量关系和方位关系，两圆柱正交时的相贯线画法，基本体切割的三视图画法，组合体的尺寸标注及线面分析法，剖视图、断面图的注意事项，合理选择机件的表达方案。

3. 教学资源

略。

单元三 标准件与常用件

1. 教学基本要求

1）掌握螺纹及螺纹紧固件的画法及标注方法；

2）掌握齿轮（特别是直齿圆柱齿轮）的规定画法以及两齿轮啮合时的规定画法；

3）掌握键与销的标记、查表及其连接图的规定画法；

4）了解滚动轴承和弹簧的画法。

2. 教学重点、难点

教学重点：螺纹及螺纹紧固件的画法及标注方法。

教学难点：标准件的选用。

3. 教学资源

略。

单元四 零件图

1. 教学基本要求

1）了解零件图的作用和内容；

2）基本掌握典型零件的表达方法；

3）初步掌握零件图的尺寸标注方法；

4）初步掌握零件图上技术要求的标注与识读方法；

5）了解零件的工艺结构；

6）初步掌握零件的测绘方法与步骤；

7）掌握读零件图的方法。

2. 教学重点、难点

教学重点：零件的表达方法和读零件图的方法。

教学难点：技术要求的标注与读零件图的方法。

3. 教学资源

略。

单元五 装配图

1. 教学基本要求

1）了解装配图的作用和内容；

2）掌握装配图的视图表达方案；

3）初步掌握装配图的尺寸标注及序号、明细表的填写方法；

4）掌握画装配图的方法与步骤；

5）初步掌握装配体的测绘方法和步骤；

6）掌握读装配图的方法和步骤，并由装配图拆画零件图。

2. 教学重点、难点

教学重点：装配图的视图表达及读装配图的方法。

教学难点：读装配图并由装配图拆画零件图。

3. 教学资源

略。

单元六 计算机绘图

1. 教学基本要求

1）了解 AutoCAD 的基本内容及功用；

2）了解 AutoCAD 一般操作及环境设置；

3）初步掌握常用的二维绘图实用命令；

4）初步掌握尺寸标注的方法及命令，能绘制简单的零件图。

2. 教学重点、难点

教学重点：常用二维绘图命令、编辑命令。

教学难点：尺寸标注命令。

3. 教学资源

略。

八、教学时数分配

表 6-2 "机械制图与零部件造型测绘"课程学时分配表

序号	课程内容		学时分配		
			讲授	实验	合计
1	单元一 制图的基本知识与技能	绪论 常用绘图工具的使用 国家标准有关规定 几何作图、平面图形	6	2	8
2	单元二 投影作图基础	正投影及三视图 基本体 组合体 轴测图 机件的表达方法	22	6	28
3	单元三 标准件与常用件	螺纹及螺纹紧固件 齿轮 键与销 滚动轴承和弹簧 实践教学——一组螺纹紧固件的连接图	8	2	10
4	单元四 零件图	零件图的作用和内容 零件的表达方法 零件图的尺寸标注 零件图技术要求标注与识读 零件的工艺结构 读零件图 实践教学——零件测绘	8	8	16
5	单元五 装配图	装配图的作用和内容 装配图的视图表达方案 装配图的尺寸标注及序号、明细表 画装配图的方法与步骤 读装配图的方法和步骤,并由装配图拆画零件图 实践教学——绘制装配图	8	8	16
6	单元六 计算机绘图	AutoCAD 环境设置 常用二维绘图与编辑命令 尺寸标注 实践教学——上机绘图	4	6	10
7	机动		4		4
8	测试		4		4
合计			64	32	96

注:学时分配可以根据课程实际进行调整。

九、课程实践教学内容

表 6-3　课程实践教学项目及时间分配表

序号	实践项目	学时数
1	项目一 平面图的画法（A4）	2
2	项目二 测绘木模（A4）	2
3	项目三 测绘组合体木模（A3）	2
4	项目四 机件的表达方法综合运用（A3）	2
5	项目五 一组螺纹紧固件的连接（A3）	2
6	项目六 典型零件测绘（轴、盘及箱体）（A4、A2）	8
7	项目七 绘制装配图（支顶、铣刀头）（A3、A2）	8
8	项目八 上机绘图	6
	合计	32

十、课程评价方法

1. 评价形式

学习态度（包含上课出勤、课堂提问、笔记等）；安排两次阶段测试；实践教学测试以大作业形式进行，即图纸作业（A4、A3、A2）；上机操作（以电子格式上交平时作业）；其他等。

备注：评价形式可以根据课程实际情况增减。

2. 评分结构

表 6-4　评分结构表

测试成绩（%）	平时、测试成绩比例（%）				期末测试成绩比例（%）
	学习态度	平时作业	阶段测试	上机操作	
100	10	20	20	10	40

注：评分项目可以根据课程实际情况增减。

3. 评分等级

评分等级以百分制为标准。

若课程以等级制录入成绩，则按以下折算方法：

≥90~100 分：优秀；

≥80~89 分：良好；

≥70~79 分：中；

≥60~69 分：及格；

60 分以下：不及格。

十一、建议选用教材（讲义）及教学参考资料

表 6-5 教材选用建议

序号	教材名称	教材类别	出版社	年份	ISBN
1	机械制图与零部件造型测绘(第2版)	国家规划教材	高等教育出版社	2021	978-7-04-056616-1
2	机械制图与零部件造型测绘习题集(第2版)	国家规划教材	高等教育出版社	2021	978-7-04-056615-4

注：教材必须是近三年出版或再版或重印的高职层次教材，实训课程也可选择企业培训教材。

十二、教学方法建议

1）作为一门实践性很强的机械设计制造类专业基础课，教学中应高度重视对学生绘图、读图的训练。

2）CAD 上机部分要求在双向多媒体机房进行。建议采用传统的教学模式与现代化手段相结合的教学方法进行教学。采用直观性教学时可使用示教模型或三维模型演示，用测绘模型测绘；也可以使用云课堂、智慧职教等现代化信息平台，采用线上线下混合式教学模式。

3）本课程实施课程思政教育的具体方式方法。无痕融入课程思政元素，通过操作规范、团队协作培养学生的职业素养；在学习过程中需要经历32学时的制图实践学习，课程教学中的实践及劳动教育采用过程化考核，对工作态度、操作规范进行记录考核。

十三、其他说明

无。

作为小切口定向书证融通模式的要求，依据"机械制图与零部件造型测绘"课程标准开发的教材属支持课程配套教材，其内容一方面应围绕课程标准组织；另一方面还应考虑与后续机械产品三维模型设计证书的培训教材和考证教材的关联。其教材目录为：

"机械制图与零部件造型测绘"课程教材目录

单元一　平面图形的绘制

　　　　学习导航

　　　　第一节　制图相关标准

　　　　第二节　绘图工具的使用

　　　　第三节　平面图形的绘制

　　　　单元总结

　　　　单元启迪

单元二　几何体三视图的绘制

　　　　学习导航

　　　　第一节　正投影及三视图

　　图 6-11～图 6-14 和表 6-6 是该教材中的一部分三维图。这些三维图是为了更好地进行二维图教学而特意开发的数字化教学资源，目的还是服务于"机械制图与零部件造型测绘"课程教学，而并不是对学生提出的三维图形作图要求。

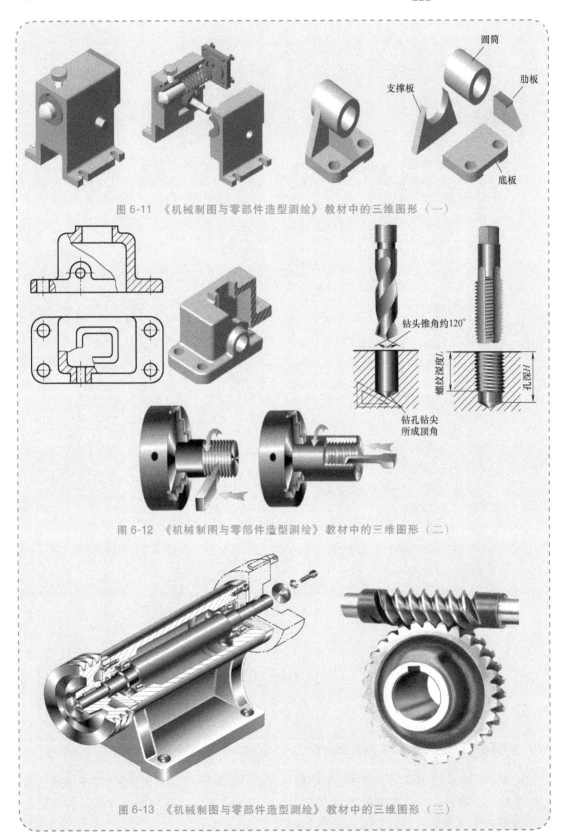

图 6-11 《机械制图与零部件造型测绘》教材中的三维图形（一）

图 6-12 《机械制图与零部件造型测绘》教材中的三维图形（二）

图 6-13 《机械制图与零部件造型测绘》教材中的三维图形（三）

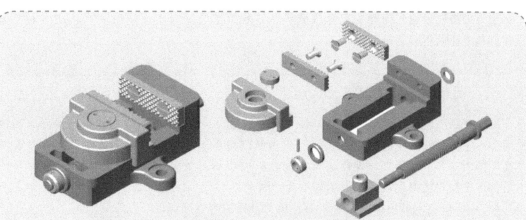

图 6-14 《机械制图与零部件造型测绘》教材中的三维图形（四）

表 6-6 常用滚动轴承的类型、结构和表示法

轴承类型	结构形式	主要尺寸	简化画法		规定画法
			通用画法	特征画法	
深沟球轴承 （GB/T 276—1994）		D d B A			
圆锥滚子轴承 （GB/T 297—1994）		D d T A B C			
推力球轴承 （GB/T 301—1995）		D d T A			

接下来需要讨论如何开发配套机械产品三维模型设计（中级—探索版）证书培训课程教材和考证课程的教材问题。

6.2.3 配套机械产品三维模型设计（中级—探索版）证书培训课程教材的内容与体例

机械产品三维模型设计（中级）证书配套教材分为×配套培训教材和考证强化培训教材两部；它们授课的排序在支持课程"机械制图与零部件造型测绘"的后面，一般安排在高职的大二第一或第二学期内进行。配套机械产品三维模型设计（中级—探索版）证书培训课程教材的内容设计考虑了如下几个因素：

1) 小切口定向书证融通课程组内各相关课程的内容分工；

2) 对应机械产品三维模型设计（中级—探索版）证书的技能要求，确定教材各单元内容定位；

3) 教材内容与机械设计制造类专业课的呼应。

机械产品三维模型设计（中级—探索版）证书配套培训教材目录框图如图6-15所示。

单元一 三维建模型设计基础	单元四 机械零部件工程图设计
工作任务 0.1二维制图与测绘溯源	工作任务 2.1典型零部件二维工程图设计
工作任务 0.2 中望3D软件入门	工作任务 2.2三维零件转二维工程图
工作任务 0.3 二维草图设计	工作任务 2.3三维部件转二维工程图
单元二 机械零部件造型	单元五 模型仿真准备
工作任务 1.1典型零件三维造型	工作任务 3.1工艺规程设计
工作任务 1.2零件快速修改	工作任务 3.2工艺准备
工作任务 1.3曲面零件造型	单元六 模型仿真验证
单元三 机械部件数字化设计	工作任务 3.3仿真验证
工作任务 1.4 机械部件数字化设计	工作任务 3.4数据处理
一、自下而上的装配方式	单元七 综合训练项目一
二、自上而下的装配方式	单元八 综合训练项目二

图6-15 机械产品三维模型设计（中级—探索版）证书配套培训教材目录框图

1. 机械产品三维模型设计（中级—探索版）证书配套培训教材体例结构设计思路

机械产品三维模型设计（中级—探索版）证书配套培训教材单元一的内容属过渡性学习培训内容，考虑了与制图课程的衔接。从二维到三维，新课程需要通过"二维制图与造型测绘溯源"达到温故而知新的目的；"中望3D软件入门"和"二维草图设计"是为启动3D软件学习培训而安排的过渡性内容，是机械产品三维模型设计（中级—探索版）证书学习培训的前奏，从整个教材设计而言，体现于开好局、起好步。

单元二、三、四主要安排3D软件功能的培训内容（覆盖了中级证书职业技能要求的70%）。这是机械产品三维模型设计（中级—探索版）证书学习培训的重点，其学习培训目标是掌握中级证书所要求的三维软件相关操作命令和功能，为三维软件的应用打好基础。

单元五、六安排了三维软件应用内容，实际上是为了实现机械产品三维模型设计（中级—探索版）证书内容与所涉及的专业课的简单对接（覆盖了中级证书职业技能要求的30%）。证书的学习培训，其最终目的还是在于应用。因机械设计制造类专业安排有许多专业课，这些课程内容与证书内容关联，在机械设计制造专业后续课程学习中，该证书内容能很好地支撑专业课程教学。单元五、六的内容设计是校企合作开发的重点之一，其度的把握反映了开发者的水平。

单元七、八的重点是综合训练项目。安排两个单元的项目设计是基于该证书的特殊性。因为该证书属于工具类证书，学了就要用；该证书的考证内容因考证时长的约束，不可能花比较长的时间来评判参考者所形成的综合能力，故证书的考核在一定程度上有碎片化倾向。安排两个单元的综合训练项目，其目的：一是不可能一个培训项目能满足证书的职业技能所有要求，可能覆盖大部分内容，两个项目能产生互补作用；二是在项目安排上可以有个梯度，遵循循序渐进原则；三是每个单元中的项目安排可以有些冗余，让负责培训的教师和参与培训的学生有个选择和回旋的余地。

2. 机械产品三维模型设计（中级—探索版）证书配套培训教材单元结构设计思路

机械产品三维模型设计（中级—探索版）证书配套培训教材与一般的专业教材不一样，比较直接和显性，培训教学目标指向针对性强，故其单元结构就有一定的特殊性。下面以"中望3D减速箱（部分）"建模为例简述该单元的设计思路。

> 单元二　机械零部件造型
>
> 工作任务1　典型零件三维造型
>
> 1.1　任务描述（介绍任务来源及背景+任务目标）
>
> 以减速箱中望3D模型建立过程为媒介，介绍中望3D的基本功能以及涉及的3D建模基本概念。通过该任务的学习培训，基本达成机械产品三维模型设计（中级—探索版）证书中"1机械零部件造型工作领域"中"1.1典型零件三维造型工作任务"所要求的6个方面的职业技能：
>
> 1.1.1　能通过合理选择草绘平面进行草图创建，运用绘制基本曲线、绘制样条线、偏置曲线、阵列曲线、镜像曲线，修剪、延伸等功能完成草图绘制；
>
> 1.1.2　能运用草图尺寸约束、几何约束、自动标注尺寸、自动约束等方法实现草图完全约束；
>
> 1.1.3　能运用拉伸、旋转、扫掠、圆柱体、圆锥、球、孔、槽、螺纹等特征建模方式完成实体建模；
>
> 1.1.4　能运用抽取特征、阵列特征、镜像特征、抽壳、偏置面、缩放体、修剪体、分割体等功能完成特征细节修改；
>
> 1.1.5　能运用编辑实体密度、估算产品质量、指派特征颜色、三维尺寸标注等拓展功能完成实体特性赋予；
>
> 1.1.6　能综合运用以上功能命令，按制定的工作任务要求完成典型零件建模。
>
> 1.2　任务分析（明确工作目标所要求的工作流程、重点/难点等）
>
> 实体建模，即利用三维软件来虚拟构造物体的三维模型，以便于设计检验和表达，并为后续工程形成基础。

实体由点、线、面、体等元素构成。一个实体有多种实现方式，如简单实体的合并、相减或者相交构成复杂实体，也可由多个面包覆形成封闭实体等。具体的建模方式可视具体需要选用，对同一特征、零件可以通过不同的命令来创建。解决各种建模问题的根本思路，是要明确最基本的点、线、面、体之间的相互关系，从而确定模型的构成。

中望3D对相同的结构实体有多种架构方式，由于篇章限制，本例仅采用其中的一种方式来构筑模型，对于其他方式，有兴趣的读者可以参考其他教程，在此不再赘述。

本单元重点介绍"减速箱上箱盖建模过程"，从中学习"典型零件三维造型工作任务"所要求的6方面职业技能。

上箱盖结构分析，上箱盖的结构组成如图6-16所示。

开始建构前，需要对上箱盖进行结构分析，以预计该实体由哪些形体构成，需要由哪些基本形体、特殊曲面拼接组合而成，并预计这些结构如何通过中望3D现有命令实现。

（1）对称结构　参照3D图示和工程图，可知上箱盖是关于平面对称的，可利用对称特点，在建模过程中使用镜像功能加快建模速度（草绘和实体特征均可）。该对称可作为其他建模行为的参

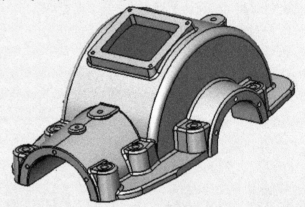

图6-16　上箱盖的结构组成

考基准。另外，轴承轴线也是重要的参考基准，图略。

（2）缘边　上箱盖和机座的接合面结构。参照上箱盖工程图，可知其主体结构是高14mm的长方体。可考虑由拉伸+4个倒圆/倒角创建（也可以用草绘+拉伸剪切模式完成创建），图略。

（3）齿轮运行空间　齿轮的运行空间，参照工程图，可知其结构是由$R200mm$的半圆拉伸+$R190mm$的半圆柱掏空（拉伸/旋转）+边角倒圆组成的，图略。

（4）X、Y轴承支撑结构　装轴承的结构，参照工程图，可知其结构是由$R95mm$，带3°拔模角度的半圆柱（拉伸）+$R75mm$的半圆柱掏空组成的，图略。

（5）螺纹孔凸台　装螺钉的结构，可使用拉伸生成，图略。

（6）观察窗　中空方形结构（拉伸带拔模），与轴承空腔成角度关系，需生成辅助定位平面，拉伸（相加，带拔模）+拉伸（相减），图略。

（7）螺栓孔　插入孔特征即可形成（注意有通孔和螺纹孔的区别）。图略。

1.3　相关知识（仅介绍涉及的已学过的知识点+准备新学的知识点）

典型零件三维造型涉及的知识点和技能点：

- 基本曲线、绘制样条线，偏置曲线、阵列曲线、镜像曲线，修剪、延伸等命令；
- 草图尺寸约束、几何约束、自动标注尺寸、自动约束等方法；
- 拉伸、旋转、扫掠、圆柱体、圆锥、球、孔、槽、螺纹等特征建模命令与方式；
- 抽取特征、阵列特征、镜像特征、抽壳、偏置面、缩放体、修剪体、分割体等命令和功能；
- 编辑实体密度、估算产品质量、指派特征颜色、三维尺寸标注等。

1.4 任务准备（介绍涉及的软硬件及相关资源）

打开计算机，进入中望3D软件"直接编辑"选项卡（图6-17）。

图6-17 中望3D软件"直接编辑"选项卡

扫描教材中的二维码，寻找对应内容，借助手机辅助学习。

1.5 任务实施（培训内容源自精选案例）

1）创建一个多对象文件，然后新建一个零件对象"上箱盖"。

2）在XY平面上创建草图（图6-18），以X、Y轴线为参照，绘制矩形草图，再拉伸成高14mm的长方体。

注意：矩形的一侧需要与X轴形成对称关系。

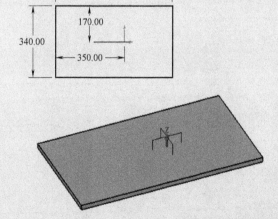

图6-18 在XY平面上创建草图（一）

3）在XY平面上绘制图6-19所示草图，进行拉伸切除和镜像操作，生成图6-19中的实体。

......

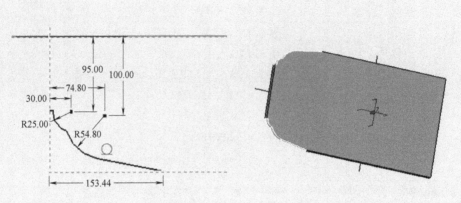

图 6-19 在 XY 平面创建草图（二）

4）倒所有图样中标注的圆角，未标注的均为 $R5mm$（图 6-20）。

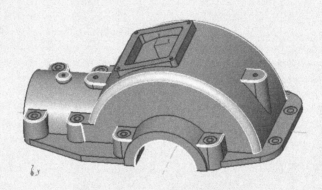

图 6-20 上箱盖倒角图

5）指定零件材料（使用【指定铬合金材质到面】命令处理），如图 6-21 所示。

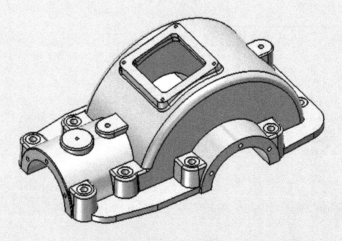

图 6-21 上箱盖模型

以上是整个减速箱上箱盖的一种建模过程，学习者可以借鉴该过程，举一反三。

1.6 检查评议（形式可多样，如师评、生评、小组研讨会，比对"云端"案例等）略。

1.7 学习小结（简述学习培训目标的达成要求、本任务的重点和容易出错处；视单元整体情况，也可以不做小结）略。

工作任务 N. XXXXXX

……

单元总结：

……

至此，减速箱（部分）设计任务完成。在任务实施过程中运用了中望 3D 草绘、3D 建模、装配等模块，中望 3D 的基本操作都有涉及，能满足中望 3D 基础应用。

中望 3D 还有更多高级的模块和应用，来适应各种不同的需要，可参阅其他中望 3D 教程，或直接从中望 3D 了解。

整个单元结束后需要做一个上述的单元总结，形式上可以列入教材编撰内容；亦可以布置作业的形式让学生来总结，培训教师适时指导评说。

作业/思考题（不一定二者都要有，但至少要有其一）

略。

6.2.4 配套机械产品三维模型设计（中级—探索版）证书考证课程教材的内容与体例

X 证书配套教材的第一部是培训教材，6.2.3 节已做了介绍；第二部是服务于学生考证的教材，实际上就是配套考证的强化培训教材，也可以说是配套于模拟考证的教材。该教材的特点：①模拟考证试题的内容以 X 证书考试大纲规定的考查知识和技能范围为依据，题型与真题相似；②模拟考试各方面难易程度较适中；但在 X 证书考证的前几期中也可能因出题经验问题呈现参差不齐的情况，需要根据考证得分数据进行完善；③模拟考证只能作为 X 证书学习培训后的一种测试，与真实考证的试题有所不同，两者情况不尽相同。

目前 X 证书的考核主要采用理论测试和实操测试两种。理论测试大多采用机考；实操测试以现场考试为主，亦有采用机考模式的。机械产品三维模型设计（中级）证书考证采用机考模式。

参加机械产品三维模型设计（中级）证书培训的学生在完成整个培训学习后，可根据考证强化培训教材的内容随时随地参加模拟测试。模拟终归是模拟，通过考证前测试应知道自己哪些是长项，哪些还需要"恶补"，要把每一次模拟测试看成是发现自己缺点和劣势的机会，做到熟能生巧。尽管通过模拟测试不能保证一定能通过正式考证考试，但确实是熟悉考题、查漏补缺的好办法。

一、理论测试模拟题

机械产品三维模型设计（中级）证书的理论测试模拟题主要有如下（但不限于）内容。

1. 单选题

单选题是最常见的试题，例如：

- 常用的装配方法有自下向上装配、自上向下装配和____等。

A. 立式装配　　B. 分布式装配　　C. 混合装配　　D. 以上都不对

2. 判断题

判断题也是最常见的试题，例如：

- 在制图模块中，输入基本视图和投影视图就可以完成三视图的添加。（　　）

A. 正确　　B. 错误

3. 多选题

多选题具有一定的挑战性，例如：

- 在同步建模中，可以通过（　　）尺寸控制命令来修改模型。

A. 直径尺寸　B. 线性尺寸　C. 半径尺寸

D. 设为平行　E. 周长尺寸　F. 角度尺寸

4. 问答题

问答题是理论测试题中难度比较高的试题。分为客观性试题和主观性试题两类，例如：

- 基准面的应用有哪些？请列举6种。
- 试叙述设计图6-26所示模型的操作步骤（提示：设计该模型的方法有多种，择一即可）。

二、操作测试模拟题

机械产品三维模型设计（中级）证书的实操测试模拟题主要有如下（但不限于）内容。

1. 平面曲线拟合

考查学生掌握所学软件部分命令的情况，例如：

- 按图6-22所示零件图绘制草图（单位：mm）。

1）用直线和圆弧建立图形。

2）全约束：有正确的几何约束和尺寸约束。

2. 零件三维造型

考查学生掌握计算机三维建模工具的使用方法、构建零部件三维模型的技能等情况，例如：

- 根据图6-23所示零件图创建三维模型（单位：mm）。

1）尺寸、形状与图示一致。

2）未标注圆角为$R1.5mm$。

3）保留全部建模特征。

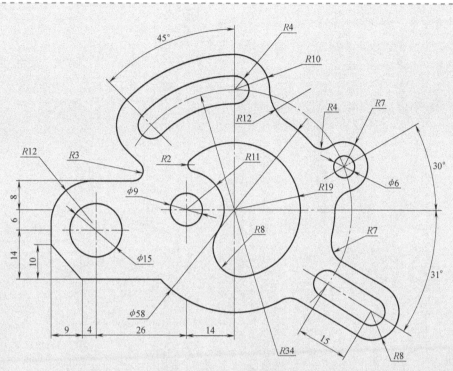

图 6-22 操作测试模拟题（一）

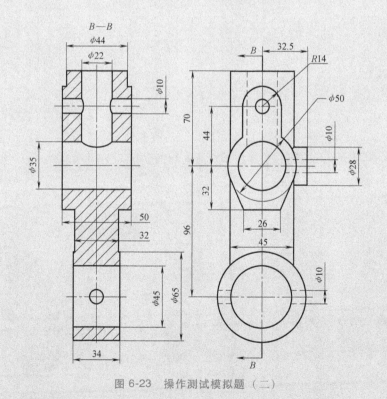

图 6-23 操作测试模拟题（二）

3. 利用同步建模修改部件

考查学生掌握构建机械零件三维模型和曲面设计方法、形成机械部件的数字化设计等技能情况，例如：

● 以图 6-24a 所示三维模型为基础，绘制完成图 6-24b 所示三维模型（单位：mm）。

1）注意 40mm、40mm、R30mm 三处尺寸要求。

2）注意 60°处角度尺寸要求。

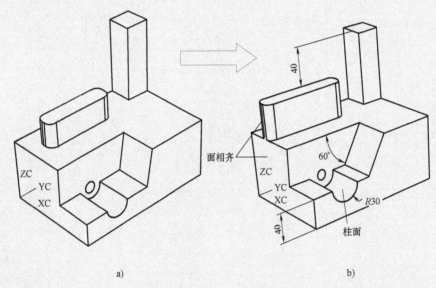

图 6-24　操作测试模拟题（三）

4. 部件装配

考查学生掌握机械部件三维模型设计的能力，例如：

● 如图 6-25 所示，完成三维模型的造型并处理相对位置关系（单位：mm）。

1）参照该三通机座模型并注意垫片与盖子的约束关系自行设计模型。

2）垫片的形状和尺寸与三通机座相关。垫片厚为 1.5mm，内径为 60mm，外径为 75mm。

3）盖子的形状和尺寸与三通机座相关。盖子总厚为 3mm，嵌入部分为 1.5mm，机座内径为 120mm。

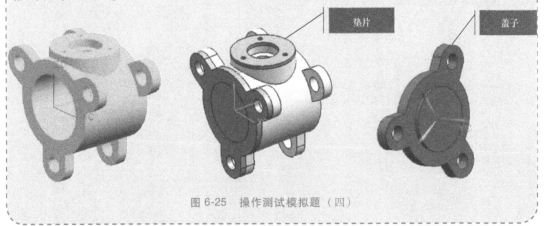

图 6-25　操作测试模拟题（四）

5. 绘制零件工程图

考查学生将比较简单的机械加工工艺知识与计算机绘图技能相结合的情况，例如：

● 如图 6-26 所示，根据给定的凸台法兰三维模型数据，绘制零件工程图（单位：mm）。

1）基本设置：包括设置图层及其属性、设置文字样式和标注样式，所有设置应满足现行机械制图国家标准要求和计算机绘图的绘图环境要求。

2）选择合适比例、标准图幅。

3）表达方案合理，视图绘制正确。

4）尺寸标注正确、齐全、清晰，与零件加工工艺相适应。

5）正确填写标题栏。

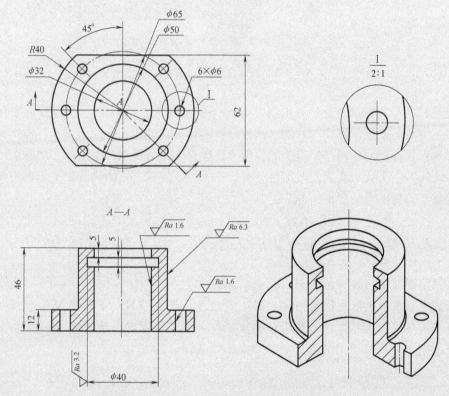

图 6-26 操作测试模拟题（五）

6. 模型仿真验证

考查学生的自动编程技能掌握情况，并完成中等复杂程度的模型加工验证，例如：

● 根据图 6-27 中给定的零件模型，对指定的加工表面进行数控加工程序编制，具体要求：

1）整个加工过程一次装夹完成。

2）参照图 6-27，精加工给定模型内腔，默认侧壁余量为 0.3mm、底面余量为 0.2mm，精加工结果余量为 0。

3）加工程序编制要科学、合理，并且实体仿真验证正确。

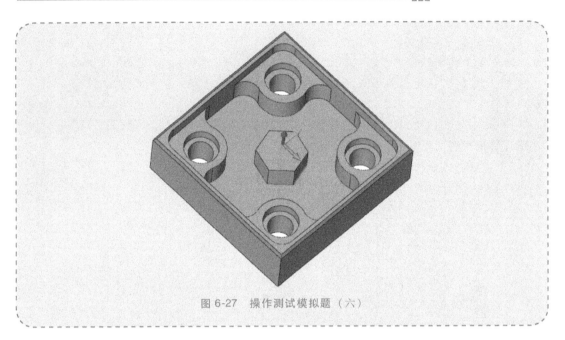

图 6-27　操作测试模拟题（六）

配套机械产品三维模型设计（中级）证书考证课程教材的内容，一方面是综合训练的需要，从中培养学生掌握证书所要求的技能要求；另一方面还有一个质量与强度训练的要求，即能否在规定时间内按要求完成模拟考证要求。作为培训评价组织和职业院校的教官和考官，还有一个大数据采集与汇总分析的任务，以发现书证融通和整个培训工作的问题，成为逐步改进工作的依据。

6.3　自动化类专业与工业视觉系统运维（中级）书证融通教材开发案例

由苏州富纳艾尔科技有限公司开发的，入围教育部 X 证书目录管理清单（第四批）的"工业视觉系统运维职业技能等级标准"开始进入职业院校。如何更好地开展书证融通，需要进行积极的探索，以下介绍自动化类专业与工业视觉系统运维（中级）书证融通教材开发案例，为推动 1+X 证书制度试点工作抛砖引玉。

6.3.1　自动化类专业与工业视觉系统运维（中级）书证融通教材开发思路

"工业视觉系统"属于近年来我国装备制造领域技术升级的产物。在我国的长三角、珠三角等经济比较发达的地区，工业视觉系统运维工作岗位的用人缺口较大，且在职业院校中尚未设置这类对口专业。目前，在高职"机电一体化技术"（460301）、"智能机电技术"（460302）、"智能控制技术"（460303）、"智能机器人技术"（460304）、"工业机器人技术"（460305）、"电气自动化技术"（460306）、"工业过程自动化技术"（460307）等自动化类专业中已开设了"工业视觉技术及应用"课程，作为对行业企业转型发展的一种响应。高职自动化类专业与工业视觉系统运维（中级）证书对接，既是发挥证书对专业的"补充"功能，也是小切口定向书证融通模式的具体应用。根据调研信息，目前一些高职院校开设"工业视觉技术及应用"课程，其课程学分为 2~4 学分，学分差异主要是由实训装备的配套问题所致。图 6-28 所示是自动化类专业与工业视觉系统运维（中级）书证融通配套教材开发思路。

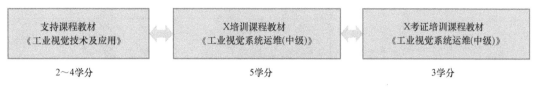

图 6-28　自动化类专业与工业视觉系统运维（中级）书证融通配套教材开发思路

完善目前的"工业视觉技术及应用"课程内容，需要研究表 6-7 中的内容，这样既能做好小切口定向的书证融通工作，又能解决在支持课程教材与 X 培训教材之间形成内容衔接与边界界定的问题。

表 6-7　工业视觉系统运维职业技能等级标准（中级）

工作领域	工作任务	职业技能要求
1　工业视觉系统硬件选型及其设置	1.1　光源选型	1.1.1　能够根据不同工作场景和工件特征,选择不同光源
		1.1.2　能够根据工作场景和检测要求,选择不同光源获取不同效果的图像
		1.1.3　能够根据控制要求,完成光源控制器的选型
		1.1.4　能够根据工作场景和现场条件,进行光源安装高度和角度的调整,改善成像效果
	1.2　相机选型及设置	1.2.1　能够根据工作场景和检测要求,完成相机的选型
		1.2.2　能够根据相机镜头接口类型和特点,完成相机的选型
		1.2.3　能够根据成像效果,正确设置相机快门、曝光时间、帧率、增益等参数
		1.2.4　能够根据使用要求,正确选配相机的配件
	1.3　镜头选型及设置	1.3.1　能够根据相机型号和检测需求,完成镜头的选型
		1.3.2　能够根据相机镜头接口类型和特点,完成镜头的选型
		1.3.3　能够根据检测要求,正确设置镜头的参数
		1.3.4　能够根据使用要求,正确选配镜头的配件
2　图像处理	2.1　产品目标定位	2.1.1　分析检测要求,使用模板匹配工具实现目标定位
		2.1.2　分析检测要求,使用斑点分析工具实现目标定位
		2.1.3　分析检测要求,使用灰度直方图工具实现目标定位
		2.1.4　分析检测要求,使用颜色匹配工具实现目标定位
	2.2　图像测量与分析	2.2.1　分析检测精度要求,使用合适的测量工具,正确进行物体的长度测量
		2.2.2　分析检测精度要求,使用合适的测量工具,正确进行圆形物体的几何尺寸测量
		2.2.3　使用结果分析工具,对图像测量结果进行分析
		2.2.4　使用数据分析工具,对图像测量结果进行判定

（续）

工作领域	工作任务	职业技能要求
2 图像处理	2.3 条码与字符读取	2.3.1 分析检测要求,正确读取工业条码
		2.3.2 分析检测要求,正确读取二维码
		2.3.3 分析检测要求,使用 OCV 工具实现字符验证
		2.3.4 分析检测要求,使用 OCR 工具读取字符
	2.4 工业视觉标定	2.4.1 分析项目需求,使用棋盘格标定
		2.4.2 分析项目需求,使用多点标定
		2.4.3 分析项目需求,选择空间坐标系
		2.4.4 分析项目需求,选择目标定位与坐标跟随
3 工业视觉系统调试与运维	3.1 视觉系统调试	3.1.1 分析现场环境和图像处理需求,对光源的亮度进行正确调试
		3.1.2 分析现场环境和图像处理需求,对光源的通道进行正确调试
		3.1.3 分析现场环境和图像处理需求,对光源的安装角度与高度进行正确调试
		3.1.4 分析现场环境和图像处理需求,对相机曝光时间和增益进行正确调试
	3.2 工业视觉系统通信设置与测试	3.2.1 分析应用场景,正确配置视觉系统的网口通信参数
		3.2.2 分析应用场景,正确配置视觉系统的串口通信参数
		3.2.3 分析应用要求,正确测试网口通信状态
		3.2.4 分析应用要求,正确测试串口通信状态
	3.3 工业视觉系统联调与系统运维	3.3.1 分析应用要求和检测效果,调试视觉程序
		3.3.2 分析应用要求和检测效果,实现视觉系统与其他系统的联合调试
		3.3.3 分析应用要求,正确测试设备系统的准确性
		3.3.4 分析应用要求,正确测试设备系统的稳定性

工业视觉系统是指通过工业视觉装备摄取被检测产品的图像信号,并将其传输给图像处理系统,根据像素分布、亮度和颜色等信息,转变成数字化信号;图像处理系统对这些数字化信号进行各种运算来抽取目标特征,进而根据判断结果来控制现场的设备动作,以实现对所测产品快速、准确地检测。

"工业视觉系统运维"证书主要面向非标自动化设备、半导体及电子制造、3C 电子集成、汽车制造、包装印刷、医药制造、纺织食品加工等相关行业,分三个等级标准:初级证书设定的职业技能要求主要是通过培训,能胜任比较简单的工业视觉设备日常点检、操作、维护、保养等工作任务;中级证书设定的职业技能要求主要是通过培训,具备视觉设备现场安装、调试、维护、操作、编写异常分析报告等能力;高级证书设定的职业技能要求主要是通过培训,能从事工业视觉设备方案制定、程序开发、首台设备功能验证等工作。初级和中级证书所涉及的被检测件都属于二维产品,而高级证书所涉及的被测件则是三维产品。

高职专业主要对接工业视觉系统运维职业技能（中级）证书。在小切口定向书证融通模式中,其配套教材分为三部,如图 6-28 所示。作为书证融通的支持课程"工业视觉技术及应用"的分工是工业视觉的基础理论知识学习及一些相关的实验，涉及的仪器设备虽然可能是工业级的，但主要还是服务实验教学的需要。但配套工业视觉系统运维职业技能（中级）证书的培训教材，其内容针对中等复杂程度的工业视觉系统（二维）所开展的设备装调和产品检测等，实用性强且有质量和工作绩效等方面的要求。

6.3.2 书证融通中支持课程教材的内容与体例

"工业视觉技术及应用"是高职自动化类专业的一门专业课程。其教材内容主要是学习工业视觉技术，涉及相关的理论知识（灰箱）、检测装备组成框架、部分简单的应用并需要做一些实验项目。该教材与工业视觉系统运维（中级）证书的培训教材有一个边界划定与衔接的问题。该证书主要内容是运用工业视觉技术对二维产品进行检测，对照自动化类专业教学标准，它对"工业视觉技术及应用"课程内容起到了补充与强化作用。"工业视觉技术及应用"课程标准如下：

"工业视觉技术及应用"课程标准

一、课程名称及代码

课程名称：工业视觉技术及应用。

二、适用教育层次及专业

教育层次：高职专科。

适用专业：电气自动化技术、工业过程自动化技术、工业机器人技术、机电一体化技术等。

三、学分/学时

学分数：3；学时数：48。

四、课程类型

课程类型：理实一体化。

课程性质：专业课。

课程属性：必修。

五、先修课程名称

计算机信息技术基础、C语言程序设计基础。

六、教学目标

本课程的任务是使学生了解视觉技术的历史、现状与发展趋势，掌握工业视觉典型硬件构成，能够进行工业视觉处理软件的基本操作，进一步熟悉工业视觉在工业中的典型应用，初步具备一定的利用工业视觉技术解决相关实际问题的能力，同时培养学生的动手能力、分析问题和解决问题的能力。

1. 知识目标

1）了解工业视觉的概念与发展现状；

2）熟悉工业视觉系统硬件组成、主要技术参数；

3）掌握工业相机、镜头、光源的选型方法；

4）基本掌握图像预处理、图像分割、工业相机标定原理和方法；

5) 掌握视觉软件定位工具、测量工具、检测工具和识别工具的使用;

6) 熟悉常用工业视觉系统的运维方法。

2. 能力目标

1) 具备工业视觉系统硬件选型能力;

2) 具备工业视觉系统硬件安装能力;

3) 初步具备图像预处理、图像分割、工业相机标定的应用能力;

4) 具备定位、测量、检测和识别工具的应用能力;

5) 基本具备运用视觉软件进行简单视觉项目的调试能力;

6) 初步具备常用工业视觉系统运维能力。

七、教学内容及要求

单元一　工业视觉概述

1. 教学基本要求

1) 了解工业视觉的典型应用领域;

2) 了解工业视觉发展趋势;

3) 掌握工业视觉的概念和系统组成。

2. 教学重点、难点

教学重点:工业视觉的概念和系统组成。

教学难点:工业视觉系统组成部件之间的关系。

单元二　光学基础

1. 教学基本要求

1) 了解光谱的定义和分类;

2) 熟悉色彩的搭配方式和原理;

3) 熟悉光源的种类和典型配光方式;

4) 初步掌握光源的选型方法;

5) 掌握光源及其控制器的安装方法。

2. 教学重点、难点

教学重点:光源的选型和安装。

教学难点:色彩的搭配方式和原理。

单元三　工业相机基础

1. 教学基本要求

1) 了解工业相机的分类和主流工业相机品牌;

2) 熟悉工业相机成像原理;

3) 了解工业相机传输接口的种类及各自特点;

4) 掌握工业相机IP地址的配置方法;

5) 基本掌握工业相机的选型原则和方法。

2. 教学重点、难点

教学重点:工业相机IP地址配置和选型方法。

教学难点:工业相机成像原理。

单元四 工业镜头基础

1. 教学基本要求

1）了解镜头成像原理；

2）了解镜头的种类；

3）熟悉镜头参数的设定和调节方法；

4）掌握镜头的选型方法。

2. 教学重点、难点

教学重点：镜头的选型方法。

教学难点：镜头成像原理。

单元五 工业视觉软件基本操作

1. 教学基本要求

1）熟悉工业视觉软件安装；

2）掌握工业视觉软件基本操作；

3）了解视觉工具的分类；

4）掌握视觉工具的基本操作。

2. 教学重点、难点

教学重点：工业视觉软件基本操作。

教学难点：视觉工具的基本操作。

单元六 图像预处理技术

1. 教学基本要求

1）熟悉图像数字化及表示的定义；

2）了解像素相邻、邻接、连通等基本关系；

3）熟悉灰度变换的定义及类型，会使用反转、对数方式进行灰度变换；

4）掌握图像直方图的定义和作用；

5）熟悉图像空间滤波的定义、作用和类型，会使用均值滤波器和中值滤波器。

2. 教学重点、难点

教学重点：图像直方图的定义和作用，灰度变换的定义及类型。

教学难点：图像空间滤波的定义、作用和类型。

单元七 图像分割技术

1. 教学基本要求

1）了解阈值分割的定义和类型；

2）了解区域分割的定义和类型；

3）熟悉图像分割工具的参数配置；

4）基本掌握阈值分割和区域分割的方法。

2. 教学重点、难点

教学重点：阈值分割的方法。

教学难点：区域分割的方法。

单元八 相机标定技术

1. 教学基本要求

1) 了解相机参数模型的定义;

2) 熟悉棋盘格标定和手眼标定原理;

3) 掌握用棋盘格工具标定相机参数的方法;

4) 基本掌握九点法标定相机参数。

2. 教学重点、难点

教学重点:用棋盘格工具标定相机参数。

教学难点:棋盘格标定和手眼标定原理。

单元九 刻蚀片工业视觉检测

1. 教学基本要求

1) 了解多种形状的刻蚀片特征;

2) 能够熟练选用视觉工具进行有无检测;

3) 了解多种瑕疵特征;

4) 能够熟练选用视觉工具进行瑕疵检测;

5) 能够熟练选用视觉工具进行尺寸测量。

2. 教学重点、难点

教学重点:选用视觉工具进行有无、瑕疵检测和尺寸测量。

教学难点:选用视觉工具进行瑕疵检测。

单元十 书签工业视觉识别与检测

1. 教学基本要求

1) 了解条码的编码方式和识别原理;

2) 了解二维码的编码方式和识别原理;

3) 能够熟练选用视觉工具进行条码识别;

4) 能够熟练选用视觉工具进行二维码识别;

5) 熟悉工业视觉软硬件调试和点检规范。

2. 教学重点、难点

教学重点:选用视觉工具进行条码和二维码识别。

教学难点:工业视觉软硬件调试和点检规范。

八、教学时数分配

表 6-8 "工业视觉技术及应用"课程学时分配表

序号	课程内容		学时分配		
			讲授	实验	合计
1	单元一 工业视觉概述	工业视觉系统组成 工业视觉应用领域 工业视觉发展趋势	2	0	2
2	单元二 光学基础	光的基础知识 光源分类 配光方式 光源选型及配光案例	2	2	4

（续）

序号	课程内容		学时分配		
			讲授	实验	合计
3	单元三 工业相机基础	工业相机认知 工业相机成像原理 工业相机分类 工业相机传输接口 工业相机选型案例	2	2	4
4	单元四 工业镜头基础	镜头成像原理 镜头分类 镜头参数 镜头选型案例	2	0	2
5	单元五 工业视觉软件基本操作	VisionPro 软件安装 VisionPro 基本操作 VisionPro 常用工具使用	4	0	4
6	单元六 图像预处理技术	图像数字化及表示 像素的基本关系 灰度变换 直方图处理 图像空间滤波 图像预处理案例	6	0	6
7	单元七 图像分割技术	阈值分割 区域分割 图像分割案例	4	0	4
8	单元八 相机标定技术	相机参数模型 棋盘格标定 手眼标定	4	0	4
9	单元九 刻蚀片工业视觉检测	刻蚀片有无检测 刻蚀片瑕疵检测 刻蚀片尺寸测量	4	2	6
10	单元十 书签工业视觉识别与检测	图像采集设备选型与视觉系统构建 书签条码与字符识别软件编程 书签缺陷检测和尺寸测量软件编程 系统调试运维与异常处理	4	4	8
11	机动		2	0	2
12	测试		2	0	2
	合计		38	10	48

注：学时分配可以根据课程实际进行调整。

九、实践/实验教学内容

表 6-9　实践/实验教学列表

序号	实践/实验名称	备注
1	光源选型及配光实验项目	
2	工业相机选型实验项目	
3	刻蚀片工业视觉检测实验项目	
4	书签工业视觉识别实验项目	
5	书签工业视觉检测实验项目	

十、学习评价

（一）评分形式

出勤、平时作业、阶段测试、课堂检测、实验、期末测试等。

（二）评分等级

评分等级以百分制为标准。

（三）评分结构

表 6-10　评分结构表

课程成绩/分	过程考核成绩比例（%）			期末考试（查）成绩比例（%）
	出勤成绩	平时成绩	测试成绩	
100	10	40	10	40

注：评分项目可以根据课程实际情况增减。

十一、教材选用

表 6-11　材料选用案例表

教材名称	教材类别	出版单位	年份	ISBN
机器视觉及其应用技术	国家规划教材	机械工业出版社	2021	978-7-111-62747-0

注：教材必须是近三年出版、再版或重印的高职层次教材，实训课程也可选择企业培训教材。

十二、教学实施保障

（一）教学资源要求

1. 课程教学团队

本授课课程组由电气自动化技术专业教师组成；定期开展课程组研讨，注重学生对课程的反馈；及时把新技术、新规范纳入课程教学。

2. 课程信息化教学资源的网址

略。

3. 课程实施的校内实验或实训资源配置情况

2D 工业相机20套；背光源20套；镜头20套；支架20套。

（二）教学方式方法

本条目主要包含的信息：

1. 本课程使用课程平台资源实施教学的具体方式方法

本课程建议采用尔雅平台提供的在线课程、课程PPT、电子课件、习题、讨论、测试进行教学；实施过程建议采用线上与线下相结合的混合式教学，单元一、单元五、单元六、单元七可以采用线上资源教学，但以线下教学为主；充分利用线上丰富的资源和快捷的沟通，同时也注重线下的面对面教授，让学生利用学校优越的实训条件进行知识学习和技能训练，亲切感受学校教师的传道解惑。

2. 本课程实施课余学习的具体方式方法

课程以项目/任务形式展开，利用尔雅平台进行项目、任务的发布、资料收集及问题的沟通；同时以主题的形式开展课余讨论，引导学生充分利用课余时间学习，提升技能。

3. 本课程实施课程思政教育的具体方式方法

无痕融入课程思政元素，通过规范操作和团队协作培养学生的职业素养；课程对接工业视觉设备安装调试与运维，在教学中需要进行设备安装、接线；着重课程的实践及劳动教育过程化考核，在实践项目中对学生的工作态度和操作规范进行记录考核。

十三、其他

无。

作为小切口定向书证融通模式的要求，依据"工业视觉技术及应用"课程标准开发的教材属支持课程配套教材，其内容一方面应围绕课程标准组织；另一方面还要考虑与后续工业视觉系统运维证书的培训教材和考证教材的关联。其教材目录为：

"工业视觉技术及应用"课程教材目录

第一部分 工业视觉技术

第1章 工业视觉概述

学习导航

1.1 工业视觉系统组成

1.2 工业相机应用领域

1.3 工业相机发展趋势

本章小结

相关信息拓展

作业练习

第2章 光学基础

学习导航

2.1 光的基础知识

2.2 光源分类

2.3 配光方式

2.4 光源选型及配光案例

本章小结

相关信息拓展

作业练习

第3章 工业相机基础

学习导航

3.1 工业相机认知

3.2 工业相机成像原理

3.3 工业相机分类

3.4 工业相机传输接口

3.5 工业相机选型案例

本章小结

相关信息拓展

作业练习

第4章 工业镜头基础

学习导航

4.1 镜头成像原理

4.2 镜头分类

4.3 镜头参数

4.4 镜头选型案例

本章小结

相关信息拓展

作业练习

第5章 工业视觉软件基本操作

学习导航

5.1 VisionPro 安装

5.2 VisionPro 基本操作

5.3 VisionPro 常用工具使用

本章小结

相关信息拓展

作业练习

第6章 图像预处理技术

学习导航

6.1 图像数字化及表示

6.2 像素的基本关系

6.3 灰度变换

6.4 直方图处理

6.5 图像空间滤波

6.6 图像预处理案例

本章小结

相关信息拓展

作业练习

第7章 图像分割技术

学习导航

7.1 阈值分割

7.2 区域分割

7.3 图像分割案例

本章小结

相关信息拓展

作业练习

第8章 相机标定技术

学习导航

8.1 相机参数模型

8.2 棋盘格标定

8.3 手眼标定

本章小结

相关信息拓展

作业练习——第一部分学习报告

第二部分 工业视觉技术应用

第9章 刻蚀片工业视觉检测

任务目标 完成刻蚀片的工业视觉检测

任务实施

任务1 刻蚀片有无检测

任务2 刻蚀片瑕疵检测

任务3 刻蚀片尺寸测量

任务评价

第10章 书签工业视觉识别与检测

任务目标 完成书签的工业视觉识别与检测

任务实施

任务1 图像采集设备选型与视觉系统构建

任务2 书签条码与字符识别软件编程

任务3 书签缺陷检测和尺寸测量软件编程

任务4 系统调试运维与异常处理

任务评价

作业练习——第二部分学习报告

6.3.3 配套工业视觉系统运维（中级）证书培训课程教材的内容与体例

工业视觉系统运维（中级）证书配套教材分为培训课程教材和考证强化培训课程教材两部；它们授课的排序在支持课程"工业视觉技术及应用"的后面，一般安排在高职的第四或第五学期内进行，其开发框架如图6-29所示。

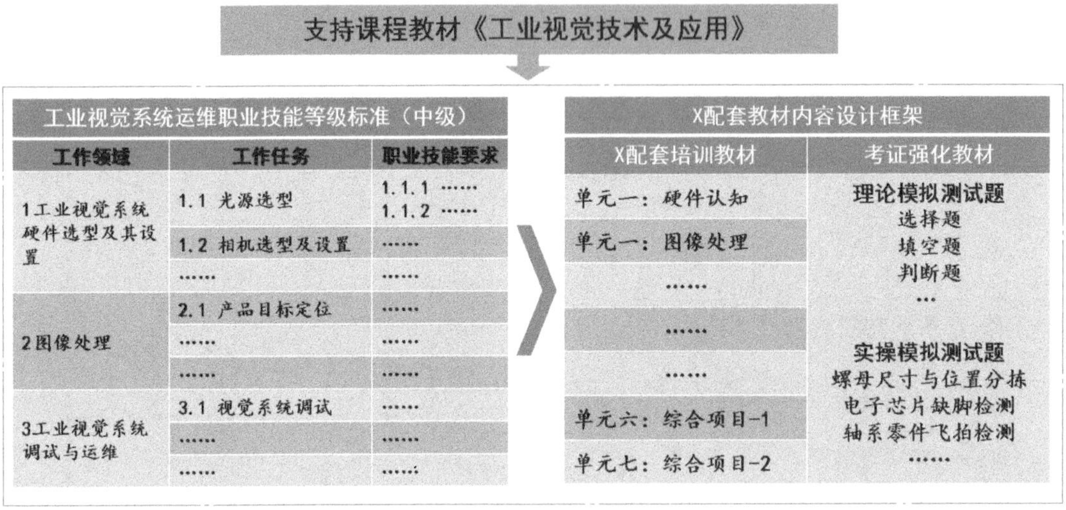

图 6-29　工业视觉系统运维（中级）证书配套教材开发框架

开发工业视觉系统运维（中级）证书配套培训教材，需要配套开发相关的案例。这些案例来自企业工业视觉系统运维的岗位工作任务及其典型成果，经精选入库后备用。图 6-30 和图 6-31 所示是其中的两例。

案例编号	SJAL-1	案例名称	划痕检测
视觉品牌	□VisionPro ☑SCISmart □Halcon		□其他
外围设备	☑PLC ☑伺服 □步进 □机器人 ☑HMI ☑其他		
应用领域	非标自动化设备　标准设备制造　半导体及电子制造　3C电子集成　汽车制造		
相关岗位	☑视觉系统安装与调试 ☑视觉系统运维 □视觉系统开发 □其他		
职业技能要求	1.1 工业视觉光源选型 1.2 工业视觉相机选型与设置 1.3 工业视觉镜头选型与设置 2.1 工业视觉标定 2.2 工业视觉系统设计与应用脚本程序 2.3 系统程序编写 3.1 工业视觉系统软硬件调试 3.2 工业视觉系统通信与测试 3.3 工业视觉系统运维		
数字化资源	☑图样 ☑程序 □视频 □仿真 ☑课件 □动画 ☑图片 □说明文档 ☑操作流程 □其他		
案例介绍	根据品质信息要求将被测产品进行固定位置的摆放，利用工业视觉的检测与定位功能进行产品表面的划痕检测。 涉及工业视觉系统与外围设备的通信、视觉系统的调试、划痕检测报告的编写等。 该检测项目的模拟考试时间控制在3小时内。		

图 6-30　工业视觉系统运维（中级）证书培训课程教材案例（一）

案例编号	SJAL-2	案例名称		颜色识别
视觉品牌		☐VisionPro ☑SCISmart	☐Halcon	☐其他
外围设备		☑PLC ☑伺服 ☐步进 ☐机器人	☑HMI	☑其他
应用领域		非标自动化设备 标准设备制造 半导体及电子制造 3C电子集成 汽车制造		
相关岗位		☑视觉系统安装与调试 ☑视觉系统运维 ☐视觉系统开发		☐其他
职业技能要求		1.1 工业视觉光源选型 1.2 工业视觉相机选型与设置 1.3 工业视觉镜头选型与设置 2.1 工业视觉标定 2.2 工业视觉系统设计与应用脚本程序 2.3 系统程序编写 3.1 工业视觉系统软硬件调试 3.2 工业视觉系统通信与测试 3.3 工业视觉系统运维		
数字化资源		☑图样 ☑程序 ☐视频 ☐仿真 ☑课件 ☑动画 ☑图片 ☑说明文档 ☑操作流程 ☐其他		
案例介绍		利用工业视觉的识别、定位功能将不同颜色不同字符的产品按照特定要求进行分类、摆放。 涉及工业视觉系统与外围设备的通信、视觉系统的调试、划痕检测报告的编写等。 该检测项目的模拟考试时间控制在3小时内。		

图 6-31 工业视觉系统运维（中级）证书培训课程教材案例（二）

工业视觉系统运维（中级）证书配套培训教材的内容与体例可从其目录中观察到基本框架。

工业视觉系统运维（中级）证书培训教材目录

第一部分 单项与专项技术技能训练
单元一 硬件认知
1.1 工业相机
  1. 工业相机认知
  2. 相机选型
  3. 相机设置
1.2 工业镜头
  1. 工业镜头认知
  2. 镜头选型
  3. 镜头设置
1.3 工业光源
  1. 工业光源认知
  2. 光源选型
  3. 提高光源稳定性的方式
单元二 图像处理
2.1 目标定位
2.2 图像识别
2.3 图像检测
2.4 图像测量

单元三　软件应用

3.1　脚本设计

　　1. 赋值规则

　　2. if 语句

　　3. for 循环

3.2　界面设计

3.3　重要代码

　　1. 设置取像工具

　　2. 相机参数设置

　　3. 图像采集

　　4. 光源连接与设置

　　5. 与 PLC 进行通信

　　6. 视觉程序的加载与运行

　　7. PLC 写入数据

单元四　系统调试

4.1　硬件系统

　　1. 实训平台整体构架

　　2. XYZ 三轴运动平台和外置 R 轴

　　3. 机器视觉器件

　　4. 控制系统

　　5. 材料放置柜

4.2　通信设置

　　1. PC 端网络连接

　　2. 相机 IP 设置

　　3. 光源连接

4.3　人机界面

　　1. 登录

　　2. 运动设置

　　3. 相机标定

　　4. 安全说明

4.4　应用程序

　　1. 主页面

　　2. 设置页面

　　3. VPP 编辑页面

4.5　配置文件

第二部分 综合项目训练

单元五 书签划痕检测

任务描述:

根据品质信息要求将被测产品进行固定位置的摆放,利用工业视觉的检测与定位功能进行产品表面的划痕检测。

任务分析:

该任务涉及工业视觉系统与外围设备的通信、视觉系统的调试、划痕检测报告的编写等,视觉系统的调试是重点。

相关知识:

1. N 点标定——CogCalibNPointToNPoint Tool

2. 匹配与定位

3. 划痕检测

4. 结果输出脚本编辑

任务实施:

1. 实施环节/调试流程

2. 具体步骤

结果验证:

略。

单元六 颜色与字符识别

任务描述:

利用工业视觉的识别、定位功能将不同颜色不同字符的产品按照特定要求进行分类、摆放。

任务分析:

该任务涉及工业视觉系统与外围设备的通信、视觉系统的调试、划痕检测报告的编写等,视觉系统的调试是重点。

相关知识:

1. 颜色识别

2. 字符识别

3. 输出结果脚本编辑

任务实施:

1. 实施环节/调试流程

2. 具体步骤

结果验证:

略。

该培训教材前四个单元的设计是围绕工业视觉系统运维职业技能等级标准（中级）中三个工作领域和工作任务中的技能要求，结合精选案例和操作步骤，从硬件——软件——调试，逐项进行编撰；后两个单元的设计是贯通三个工作领域，综合运用前面四个单元习得的知识与技能开展项目训练。总体而言，该教材编撰采用的是"先横后纵"模式，符合职业教育教学规律。

6.3.4 配套工业视觉系统运维（中级）证书考证课程教材的内容与体例

工业视觉系统运维（中级）证书配套教材的第一部是培训教材，6.3.3节中已进行了介绍；第二部是服务于学生考证的教材，实际上就是配套考证的强化培训教材，也是配套模拟考证的教材。工业视觉系统运维（中级）证书的考核主要采用理论测试和实操测试两种。理论测试采用机考；实操测试采用现场考试。

工业视觉系统运维（中级）证书的考证强化培训教材的内容和体例分理论部分和实操强化训练部分，其相关内容如下：

一、理论测试模拟题

工业视觉系统运维（中级）证书的理论测试模拟题主要有如下（但不限于）内容：

1. 工作领域——工业视觉系统硬件选型及其设置

表6-12 工业视觉系统硬件选型及其设置理论测试模拟题

工作任务	题型	题目 （判断题：正确打"√"，错误打"×"）
光源选型 相机选型 及设置 镜头选型 及设置	填空题	平行光配合什么类型的镜头进行尺寸测量精度更高。（　　）
		如图锯齿边缘轮廓检测，请推荐一款适合的光源。（　　）
		需要检测如图所示的VGA接口里面Pin针的完好程度，推荐的光源是（　　）。
		现有一相机，芯片长边尺寸为8.4mm，分辨率为2448×2048，若使用0.2倍的远心镜头，视野长边为多少？（　　）
		相机选用Cognex500W，若使用0.1倍的远心镜头，感光芯片尺寸为8.4mm，视野长边为多少？（　　）
		现有一相机，芯片长边尺寸为16.8mm，分辨率为2448×2048，若使用0.2倍的远心镜头，视野长边为多少？（　　）
		有一相机，芯片长边尺寸为8.4mm，分辨率为2448×2048，若使用0.2倍的远心镜头，此时的像素精度是多少？（　　）
		……

（续）

工作任务	题型	题目 （判断题：正确打"√"，错误打"×"）
光源选型 相机选型 及设置	多选题	光源控制器的传输接口有（　　）。 A. 以太网口 B. 串口 C. C 口 D. CS 口
		滤镜的作用是（　　）。 A. 消除反光 B. 减少其他颜色光源的干扰 C. 增强光亮 D. 减少光亮
		......
镜头选型 及设置	判断题	C 口的相机可以匹配 CS 型的镜头。（　　）
		硬件选型时，镜头的最大兼容芯片尺寸可以大于相机芯片尺寸。（　　）
		硬件选型时，镜头的最大兼容芯片尺寸可以小于相机芯片尺寸。（　　）
		F 口的相机可以匹配 C 口的镜头。（　　）
		硬件选型时，镜头的最大兼容芯片尺寸可以小于相机芯片尺寸。（　　）
		F 口的相机可以匹配 C 口的镜头。（　　）
		......

2. 工作领域——图像处理

表 6-13　图像处理理论测试模拟题

工作任务	题型	题目 （判断题：正确打"√"，错误打"×"）
产品目标 定位 图像测量 与分析 条码与字 符读取 工业视觉 标定	填空题	CogOCRMaxTool TuneData 中什么表示该记录已用于生成分割参数。（　　）
		CogBlobTool 对图像做连通性分析，对于斑点像素是使用（　　）。
		PLC 通信地址为 192.168.12.81，在配置文件中 PLC 地址应该改成（　　）。
		"如下通信脚本说法正确的是（　　）switch（color） 　　{ 　　　case " "Red" "： 　　　Common. Write_Elem（1907，1）； 　　　this. lblRes. ForeColor = System. Drawing. Color. Red； 　　　break；}"
		建立 ModBus TCP 通信，设置客户端时需要输入哪些内容。（　　）
		光源控制器通信地址为 192.168.12.82，在配置文件中光源控制器地址应该改成（　　）。
		在 ModBusTCP 通信中写入数值时，写入的页表为（　　）。
		......

(续)

工作任务	题型	题目 (判断题:正确打"√",错误打"×")
产品目标 定位 图像测量 与分析 条码与字 符读取	多选题	使用 CogCheckBoard 工具对图像进行校准时所采集的图像需符合哪些要求?(　　) A. 所采集的图像必须包含至少 9 个完整的瓷块 B. 所采集的图像中的瓷块必须至少为 1515 像素 C. 增加校准图像中可见的瓷块数量可以提高校准的精确度 D. 瓷块必须为矩形,其纵横比范围是 0.1～0.9
		CogOCRMaxTool 识别的字符如果为倾斜的,那么可以调整(　　)。 A. 区域选项卡中仿射矩形的倾斜参数 B. 区域选项卡中仿射矩形的旋转参数 C. Segment 选项卡中倾斜一半范围 D. Segment 选项卡中角度一半范围
		关于 PatMax 工具,有关接收阈值,以下说法错误的是(　　)。 A. 用于确定搜索图像中有效模型的分值 B. 接收阈值介于 0～256 C. 提高阈值会减少搜索所需时间 D. 降低阈值会减少搜索所需时间
		……
工业视觉 标定	判断题	硬阈值是指低于阈值的灰度值的所有像素被作为目标像素,高于阈值的所有像素被指定为背景像素的技术。(　　)
		软阈值的图像分割点是一个阈值区间。(　　)
		当 Blob 旋转或改变位置时会发生变化的属性是几何属性。(　　)
		建立 TCP/IP 通信,若不存在通信对象,此通信可以建立但无法通信。(　　)
		建立串口通信时,若不存在串口,则此通信可以建立但无法进行通信。(　　)
		Visionpro 可以使用 ModBusTCP 通信协议进行通信。(　　)
		……

3. 工作领域——工业视觉系统调试与运维

表 6-14　工业视觉系统调试与运维理论测试模拟题

工作任务	题型	题目 (判断题:正确打"√",错误打"×")
视觉系统 调试 工业视觉 系统通信 设置与 测试 工业视觉 系统联调 与系统 运维	填空题	采用 TCP/IP 通信时,需要占用工控机的(　　)。
		相机网口亮红灯,说明(　　)。
		一个完整的 RS-232 接口是几针的接口。(　　)
		设备安装调试过程中,光源自身的电源线长度不够,只差 2cm,正确说法的是(　　)。
		重复性与再现性的说法错误的是(　　)。
		采集的绿色产品颜色失真发红,原因是(　　)。
		设备发生异常时,技术人员不应该(　　)。
		……

（续）

工作任务	题型	题目 （判断题：正确打"√"，错误打"×"）
视觉系统 调试 工业视觉 系统通信 设置与 测试 工业视觉 系统联调 与系统 运维	多选题	Visionpro 建立 ModBusTCP 客户端时，下列哪几项是需要设置的。（　　　） A. 服务器的 IP 地址 B. 服务器的端口号 C. 波特率 D. 串口号
		在实际项目中光源控制器通过串口通信时，无法建立连接，原因可能是（　　　）。 A. 网线没插好或损坏 B. COM 口损坏 C. OPTControllerDemo 软件不支持 D. 选择的 COM 口与实际 COM 口不一致
		针对同一产品，以同样的方式多次进行视觉系统的检测时，发现每次测量结果差异较大，可能的原因是（　　　）。 A. 设备晃动 B. 相机安装不稳，未固定 C. 相机镜头未拧紧 D. 在拍摄过程中产品位置变动
		异常分析报告包含（　　　）。 A. 查看异常原因并处理，做好异常记录 B. 异常处理完毕后认真分析产生异常的原因，杜绝下次发送 C. 异常处理不掉时，申请启用备选方案 D. 异常处理有风险，不前往查看异常原因
		……
	判断题	一个项目中无法建立多个串口通信，否则数据接收发送时会冲突。（　　　）
		需要实现硬件触发相机拍照，需要使用带 POE 供电功能的网线。（　　　）
		相机网线两端不一样，在使用时带紧固螺钉的一端应插在工控机网口上。（　　　）
		在与汇川等 PLC 通信时，发送的坐标数据通常会 * 1000 发送给 PLC，PLC 收到数据后自行处理。（　　　）
		在与机械手通信时，往往会进行信号交互，俗称握手信号。（　　　）
		视觉程序编写过程中养成经常保存程序的良好习惯，以防止意外断电、死机等情况发生。（　　　）
		……

二、操作测试模拟题

工业视觉系统运维（中级）证书的考证强化培训在其专用训练机上进行，以一个完整的实操项目作为训练内容，现举例如下（但不限于）：

图 6-32 所示是工业视觉系统运维（中级）证书考证强化训练项目举例之一——"螺母分拣"项目的简介。

项目编号	SJXM-2	项目名称		螺母分拣
视觉品牌	☐VisionPro ☑SCISmart ☐Halcon ☐其他			
外围设备	☑PLC ☑伺服 ☐步进 ☐机器人 ☑HMI ☑其他			
职业技能要求	1.1 工业视觉光源选型 1.2 工业视觉相机选型及设置 1.3 工业视觉镜头选型及设置 2.1 工业视觉标定 2.2 工业视觉系统设计与应用脚本程序 2.3 系统程序编程 3.1 工业视觉系统软硬件调试 3.2 工业视觉系统通信与测试 3.3 工业视觉系统运维			
项目介绍	利用工业视觉的识别、定位功能将无序摆放的不同规格的螺母按照特定要求进行分类、存储。 涉及视觉系统与外围设备的通信、视觉项目的编写、视觉系统的调试等。 该检测项目的模拟考试时间控制在4小时内。			

图 6-32　工业视觉系统运维（中级）证书考证强化训练项目举例（一）

模拟考证项目：螺母分拣

一、设备描述

1）组成：工控机、中级视觉设备。

2）功能描述：对样品进行打光和图像采集，使用视觉软件 VisionPro 完成视觉项目检测，通过与 PLC 通信完成运动控制，样品取放。

3）设备详细构成（图 6-33）：1 个相机，1 个相机镜头，1 个环形光源，1 个光源控制器，1 个主电源开关，1 个材料放置柜，1 台工控机等。

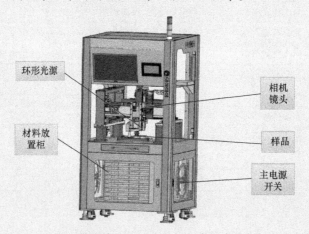

图 6-33　工业视觉系统运维（中级）证书配套培训与考证设备

二、任务描述

1. 硬件确认

进行设备检查，检查相机、光源、镜头、标定板、样品等是否有缺失或损坏，电源是否正常通电等。

2. 工作流程

治具左侧待检区任意放置若干（不超过 8 个）不同尺寸的螺母（图 6-34），通过相机拍照，在视觉程序中，对这些螺母按尺寸进行分类并定位，按照从大到小的顺序依次投放到治具右侧对应的放料盒内（图 6-35），流程如下：

1）通过 PLC 控制轴系运动到拍照位，通知应用程序取像；

2）取像完成后，将图像传输给视觉程序，视觉程序判断螺母类别并定位；

3）检测完成后，将完成信号、螺母类别以及螺母坐标偏移传输给 PLC，PLC 控制轴系运动抓取螺母；

4）夹爪抓取螺母后，PLC 根据螺母类别，控制轴系运动到对应的放料盒上方，完成放料；

5）依次将所有螺母分拣完成。

图 6-34　附件 1 示意图

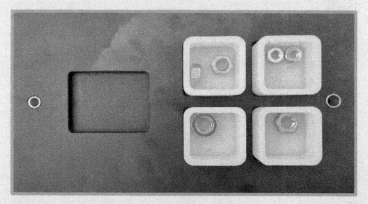

图 6-35　附件 2 示意图

3. 任务总体要求

1）相关硬件安装与接线；

2）要求将 VisionPro 视觉程序保存为 ToolBlock 文件，文件以考生准考证号来命名；

3）要求文件保存在程序运行根目录下的 Proc 文件夹中；

4）结合 Visual Studio 程序，按要求（图 6-36~图 6-38）完成最终的项目参数设置与结果展示，显示结果（图 6-39）正确；

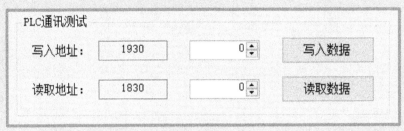

图 6-36　附件 3 示意图

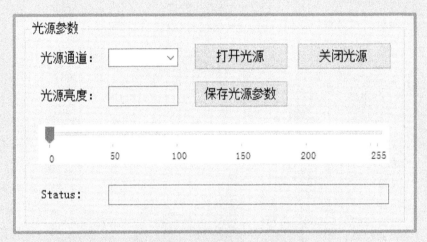

图 6-37　附件 4 示意图

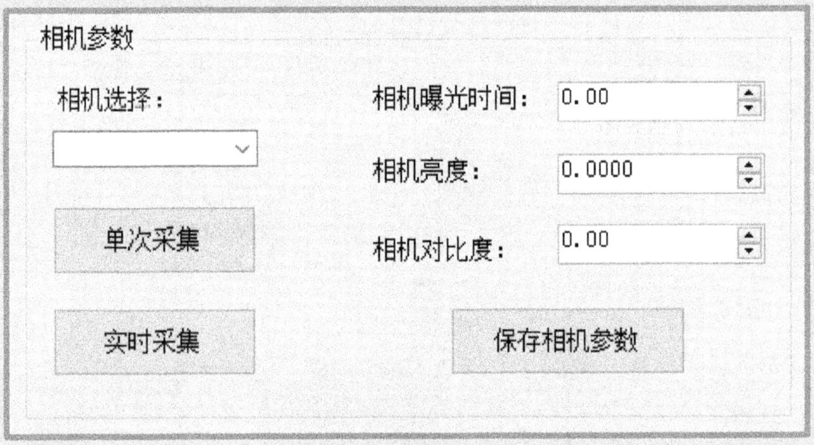

图 6-38　附件 5 示意图

5）能够与 PLC 正常通信，将检测结果正确传输给 PLC，通过 PLC 控制完成取放料；

6）夹爪能够准确抓取螺母；

7）螺母分类正确，投放放料盒无误。

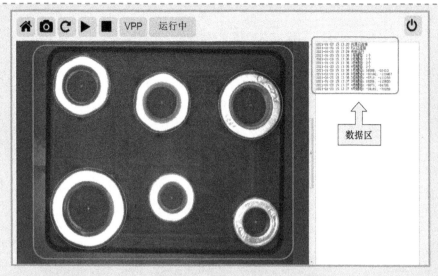

图 6-39　附件 6 示意图

4. 硬件安装与连接

1）硬件安装。

① 镜头安装。正确安装镜头。

② 光源安装及接线。将光源安装到合适位置，正确连接光源线。

③ 网线连接。正确连接光源控制器网线、相机网线。

2）网络设置。

① 光源控制器网络设置。正确设置光源控制器 IP 地址。

② 相机网络设置。正确设置相机 IP 地址。

③ 主机网络设置。正确设置主机网口 IP 地址及相关设置，确保主机可以与相机及光源控制器正常连接。

3）相机取像。打开取像工具可以实时取像，取像稳定。

4）光源控制。打开 OPTController 软件，可以连接光源控制器，并可以设置光源亮度。

5. PLC 点位设置

通过触摸屏操作，控制轴系运动到合适位置，设置取料拍照位，要求视野合适，边缘清晰，特征明显。

6. PLC 通信测试

在主页面单击 ⬛ 按钮，打开设置页面，在设置页面可以测试工控机与 PLC 通信，确保读写数据正确（图 6-36）。

7. 视觉检测程序（VisionPro）

1）文件保存。

① 要求将 VisionPro 视觉程序保存为 ToolBlock 文件，文件以考生准考证号来命名。

② 要求文件保存在程序运行根目录下的 Proc 文件夹中。

2）相机标定。使用 CogCalibNPointToNPointTool 完成标定（不少于五点），要求标定结果误差<0.5。

3）定位。

①要求螺母在待检区随意摆放都可以准确定位。

②将定位结果输出。

4）螺母分类。准确判断螺母尺寸大小，并输出结果。

8. 修改配置文件

1）打开配置文件（ProductInfoSetting.ini），修改光源控制器的IP地址和SN；

2）打开配置文件（ProductInfoSetting.ini），修改光源通道和光源亮度；

3）打开配置文件（ProductInfoSetting.ini），修改相机参数；

4）打开配置文件（ProductInfoSetting.ini），修改标准位（StandardCenter）和标准偏移值（DeltaPara）。

9. Visual Studio程序

1）在Visual Studio 2015中使用C#语言编写。

2）要求在Visual Studio程序中实现以下功能：

①正确加载ToolBlock视觉检测程序；

②正确连接光源，设置光源亮度；

③正确连接相机、设置相机参数、采集图像，并将图像传入ToolBlock视觉检测程序；

④正确运行ToolBlock，并获取ToolBlock输出的运行结果；

⑤计算出X轴、Y轴取料偏移值（相对于拍照位）；

⑥统计每种螺母的数量，并显示在主页面的信息栏中（图6-39）；

⑦将所有结果写入PLC指定的寄存器中。寄存器地址说明如下：

1900：取料检测结果（1：OK；2：NG，当结果为2时，视野内无螺母，不取料）；

1600，1606，1612，1618，1624，1630，1636，1642：X轴偏移（脉冲，1000脉冲＝1mm），每个螺母一个地址；

1602，1608，1614，1620，1626，1632，1638，1644：Y轴偏移（脉冲，1000脉冲＝1mm），每个螺母一个地址；

1604，1610，1616，1622，1628，1634，1640，1646：螺母型号，每个螺母一个地址。

⑧将螺母定位中心点显示在主页面图像上（图6-39）。

⑨设置页面。

连接光源。在主页面单击 📷 按钮，打开设置页面，在设置页面内，能够正确打开、关闭光源，并能够调节光源亮度（图6-37）。

连接相机。在主页面单击 📷 按钮，打开设置页面，在设置页面内，相机能正确采集图像（包括单次采集和连续采集），并能够设置相机参数（图6-38）。

⑩VPP页面。在主页面单击 VPP 按钮，可以编辑VisionPro程序，并在关闭页面时保存ToolBlock文件。

图 6-40 所示是工业视觉系统运维（中级）证书考证强化训练项目举例之二——"零件飞拍检测"项目简介，具体强化训练要求略。

项目编号	SJXM-1	项目名称	零件飞拍检测
视觉品牌	☐VisionPro ☑SCISmart ☐Halcon ☐其他		
外围设备	☑PLC ☑伺服 ☐步进 ☐机器人 ☑HMI ☑其他		
职业技能 要求	1.1 工业视觉光源选型 1.2 工业视觉相机选型及设置 1.3 工业视觉镜头选型及设置 2.1 工业视觉标定 2.2 工业视觉系统设计与应用脚本程序 2.3 系统程序编程 3.1 工业视觉系统软硬件调试 3.2 工业视觉系统通信与测试 3.3 工业视觉系统运维		
项目介绍	利用工业视觉的飞拍检测功能将颜色不同、形状尺寸相同的产品在连续运行的情况下进行拍照检测，按照特定的颜色要求进行分类、摆放。 涉及视觉系统与外围设备的通信、视觉项目的编写、视觉系统的调试等。 该检测项目的模拟考试时间控制在4小时内。		

图 6-40　工业视觉系统运维（中级）证书考证强化训练项目举例（二）

小切口定向书证融通模式也有不足，主要问题还是在消纳专业人才培养方案的总学分上仍有不足。因为证书内容没有融入到整个专业的课程体系中，所以总学分降不下来。其优点是能较快地实现书证融通，而不是专业教学与培训各管各的。

6.4　基于 X 配套教材开发中的几点思考

1. X 证书内容不能覆盖专业的毕业设计要求

X 证书内容不能覆盖专业的毕业设计要求，如图 6-41 所示。聚焦、关键、典型等 X 证书标准开发要求是对生产、管理、服务等一线岗位工作任务的"四新"梳理与提炼要求，综合度不能太高。在 447 个 X 证书标准中，有些 X 证书标准的综合度偏高，分析其工作领域和工作任务，因综合度偏高致使配套培训设备投入大、配套教材开发难度大，教师培训工作量大。

图 6-41　X 证书标准的设计思路

"X"对"1"的功能是强化、补充和拓展，其内容不能大而全。作者分析了装备制造大类的一些 X 证书标准，发现其内容基本覆盖了所面向专业的毕业设计要求，是巧合？还是精准设计？职业院校负责 1+X 证书制度试点的专业骨干教师表示很无奈："总不能将专业教学演变成证书培训吧"，教师如是说。好在证书处于不断迭代过程中，试点过程中的信息通过多种渠道传递，形成有利于完善 X 证书的数据与关键信息，总体在向优化的方向发展。

2. X证书配套教材开发的目标指向应是一技之长

培训评价组织负责人在与职业院校专业骨干教师交流中，有这样一种询问——该证书在哪个学期进行培训比较合适？究其原因是实施证书培训需要前置专业课程的支持，这些支持课程与证书内容的宽窄面相关，面越宽，培训活动的实施时间越得向后推，否则将要准备一堆的关联知识或单项技能，没有这些关联知识和技能，无法开展培训活动。

目前市面上可见的一部分X证书配套教材，其教材编撰的重点在于如何做项目，而不是考虑如何培养学习者掌握一技之长。这使培训教师很为难，用他们的话说："很难用这样的教材来开展技能培训。"图6-42所示阐明了作者的观点。

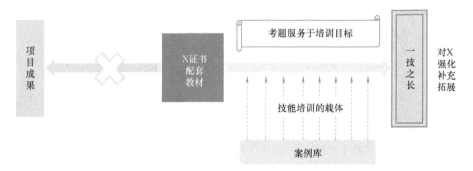

图 6-42　X证书配套教材的开发目标

《职业技能等级标准开发指南（试行）》在"4.4　确定职业技能等级证书范围"中指出："应清晰界定职业技能等级证书的范围，聚焦完成某个职业岗位或职业岗位群关键工作领域的典型工作任务所需要的职业技能，不宜过于宽泛。职业技能等级证书的每一级别学习培训内容，原则上以不超过8学分为宜，其中30%左右的学习培训内容具有一定柔性，以适应区域产业发展或行业对职业技能的差异化要求。"聚焦、关键、典型等证书标准开发要求，规定了X证书标准所反映的职业技能应该是对接企业一线新技术、新工艺、新规范、新要求。与此相对应的是培养学习者拥有"四新"某一方面的专长。故X证书配套教材开发的目标指向应是一技之长，而不是项目成果。既然是一技之长，从教育教学规律视角分析，该对接的证书可以安排在整个人才培养的中期或中后期实施培训。一技之长是对X证书标准和配套教材开发的一种约束，"X"对"1"的功能是强化、补充和拓展。

3. X证书配套教材的单元设置应遵循教育教学规律

作者查阅手头采购到的X配套教材和借鉴了一些同类教材，发现不少教材除了第一单元介绍了与本证书相关的基础知识外，后面单元则是一个个工作项目，承担教学任务的教师认为培训活动难度大，不符合教学规律所要求的由浅入深、由表及里、从特殊到一般、从形象到抽象的教学活动设计。针对X证书标准采用"先横后纵"方法开发配套教材，体现教育教学规律是学历教育的必需。在X配套教材的单元安排上，前面部分的数个单元应该根据X证书标准中的工作领域、工作任务和职业技能要求精选内容并进行优化组织，即"先横"，解决单项技能训练问题；后面几个单元根据X证书标准中的总体要求设置贯穿全线的项目/任务，以实现纵向贯通，综合运用前述单元所习得的技能，达成X证书标准要求。具体的教材体例是多种多样的，教材也是从"1.0"版本——教学实施后得到反馈信息──→"2.0"版本……

4. 书证融通乃是推进 1+X 证书制度试点的重要工作

2021 年 1 月 29 日，教育部"1+X 证书制度试点工作培训会"上，职成司领导指出："'1'与'X'相互促进、相得益彰。其中，'1'是根本、是学生可持续发展的基础；'X'是补充，是为学生增强就业创业本领赋能。""相互促进、相得益彰"就需要书证融通，整体设计专业的人才培养方案，整体设计课程体系，整体建设实训基地，整体开展课程与教材建设，整体进行专业的教学评价制度与管理制度改革等。此乃牵一发而动全身！

据 2021 年 8 月 28 日中国教育报所报道的"2020 年全国教育事业发展统计公报"，全国职业院校在校生约 2744 万；截至 2021 年 12 月，在"职业技能等级证书信息管理与服务平台"上反映的参与 X 证书培训报名的人数达 590 万，但真正获得证书者则比较少，其中原因之一是试点院校将"1"与"X"分别开展教学与培训，"1"与"X"的融合度不高，"相互促进"不到位。提升书证融通的组织度需要职业院校领导的重视，上下共同发力，化解工作中的难题，推进 1+X 证书制度试点工作落地，为提升职业教育教学质量，为学生增强就业创业本领赋能。

参 考 文 献

[1] 蒋乃平. 模块化的课程设置与教材 [J]. 职业技术教育（旬刊），2001，22（28）：16-19.

[2] 韩冰，顾京. 浅析我国职业教育数字化教学资源建设的现状 [J]. 教育理论与实践，2013，33（6）：14-16.

[3] 徐国庆. 职业教育教材设计的三维理论 [J]. 华东师范大学学报（教育科学版），2015，33（2）：41-48.

[4] 黎雯霞. 章节体和任务型相结合的高职教材开发模式探索 [J]. 广东交通职业技术学院学报，2015，14（2）：40-48.

[5] 周乃富. 《C语言程序设计》教材改革探讨 [J]. 福建电脑，2015，31（12）：15-16.

[6] 王文静，郭树荣. 基于案例的建筑施工课程教材改革研究 [J]. 高等建筑教育，2016，25（1）：124-126.

[7] 徐雯等. 案例版《急救护理》教材的应用性分析 [J]. 卫生职业教育，2016，34（18）：142-143.

[8] 郭海雷. 案例设计与教材出版 [J]. 现代出版，2017（2）：55-57.

[9] 黄海龙. 数字化教学资源建设与应用研究 [J]. 中国现代教育装备，2019（15）：17-20.

[10] 许远. 基于"1+X证书"的"课证融合"教材开发研究 [J]. 职业教育研究，2019（7）：32-40.

[11] 陈玉芝. 浅析新型培训教材编写模式 [J]. 中国培训，2019（12）：39-40.

[12] 叶宁. 非典型案例教学在"服装结构与工艺"课程中的应用 [J]. 纺织报告，2019，39（6）：105-106.

[13] 伏梦瑶，等. 我国职业教育教材研究的进展与展望 [J]. 职业与教育，2019（17）：97-101.

[14] 崔发周. 工作手册式教材的基本特征与改革策略 [J]. 职业与教育，2020（18）：97-103.

[15] 陈老宇. 职业分类和职业标准 [EB/OL].（2020-08-28）[2022-06-02]. https：//www.sohu.com/a/415261441_100251055.

[16] 赵志群，黄方慧. 德国职业教育数字化教学资源的特点及其启示 [J]. 职业教育与终身教育，2020（10）：73-79.

[17] 朱亚兴，曾文英. 基于最近发展区理论的高职软件实践教学探讨 [J]. 职业技术，2020，19（5）：77-80.

[18] 李政. 职业教育新形态教材：内涵、特征与编写策略 [J]. 职教论坛，2020（4）：21-26.

[19] 高鸿，赵昕. 基于类型教育特征的职业院校教材建设思路探析 [J]. 中国职业技术教育，2020（8）：15-19.

[20] 提岩. 新形态教材出版的探索 [J]. 出版实践，2021（4）：134-135.

[21] 秦静，高希宁. 立体化教材设计与编辑要点研究 [J]. 科学普及实践，2021，13（10）：38-40.

[22] 许远. 职业教育与培训领域新形态教材开发研究 [J]. 职业教育研究，2021（9）：46-56.

[23] 王海燕. 论教材的结构及设计 [J]. 苏州市职业大学学报，2021，32（3）：63-68.

[24] 陈玲玲. 立体化教材建设的研究与探索 [J]. 时代汽车，2021（22）：53-54.

[25] 王云凤. 1+X证书制度背景下本科职业教育实施书证融通的实践探索 [J]. 中国职业技术教育，2021（32）：5-10.

[26] 夏晓谦，周思源，李林星. 基于"1+X"认证标准下活页式教材开发逻辑研究——以可编程控制技术课程为例 [J]. 大众标准化，2021（22）：15-19.

[27] 毛少华，李治. 1+X证书制度下高职院校课证融通面临的问题及对策 [J]. 职教论坛，2021，37（12）：47-51.

[28] 戴勇，张铮，郭琼. 职业院校实施1+X证书制度的思考与举措 [J]. 中国职业技术教育，2019

（10）：29-32.

[29] 戴勇. 1+X 课证融通与专业人才培养方案优化的原则与方法 [J]. 机械职业教育，2020（2）：1-5.

[30] 戴勇. 高职专业课程内容与发达国家职业标准对接方法研究 [J]. 机械职业教育，2016（1）：1-6.

[31] 戴勇. 职业技能等级标准开发探究 [J]. 中国职业技术教育，2020（16）：25-30.

[32] 戴勇. 基于 1+X 证书制度的书证融通教材开发研究 [J]. 中国职业技术教育，2021（14）：35-42.

[33] 戴勇. 高职专业国际通用职业资格证书对接模式开发 [M]. 北京：机械工业出版社，2017：85-92.

[34] 钱晓忠，戴勇，胡俊平. 1+X 书证融通与学分银行建设研究 [M]. 北京：机械工业出版社，2021：99-101，186-208.

[35] 刘翠屏，范秀旺. 财务报表分析 [M]. 北京：中国人民大学出版社，2018：1.

[36] 李萍，杨文珺. ASP. NET（C#）[M]. 北京：机械工业出版社，2021：前言，目录.

[37] 梁伟样. 税费计算与申报全真实训 [M]. 北京：高等教育出版社，2020：1-2.

[38] 李勤. 空乘人员化妆技巧与形象塑造 [M]. 北京：旅游教育出版社，2019：1-4.

[39] 马明芳. 发动机管理系统诊断维修 [M]. 北京：机械工业出版社，2016：4-8.

[40] 王卫，王辉. 急救护理 [M]. 北京：高等教育出版社，2018：9-18.

[41] 刘雷. 电子商务实战案例 [M]. 北京：中国人民大学出版社，2019：1-2.

[42] 郑贞平，张小红. SolidWorks 2016 基础与实例教程 [M]. 北京：机械工业出版社，2020：70-285.

[43] 郭正兵，吴红. 果树生产技术（南方本）[M]. 北京：中国农业出版社，2021：1-5.

[44] 华红芳. 机械制图与零部件造型测绘 [M]. 北京：机械工业出版社，2021：1-2.

[45] 北京华航唯实机器人科技股份有限公司. 工业机器人集成应用（ABB）初级 [M]. 北京：高等教育出版社，2020：目录，1-51.

[46] 沈阳中德新松教育科技集团有限公司. 工业机器人装调教程（新松）[M]. 北京：机械工业出版社，2021：目录，1-39.

[47] 腾讯云计算（北京）有限责任公司. 界面设计（中级）[M]. 北京：高等教育出版社，2021：目录，1-3.